Susanne Gurschler

111 Orte in Innsbruck, die man gesehen haben muss

111

emons:

Bibliografische Information der Deutschen Nationalbibliothek
Die Deutsche Nationalbibliothek verzeichnet diese Publikation in der Deutschen Nationalbibliografie; detaillierte bibliografische Daten sind im Internet über http://dnb.d-nb.de abrufbar.

Layout: Eva Kraskes, nach einem Konzept von Lübbeke | Naumann | Thoben
Kartografie: altancicek.design, www.altancicek.de
Kartenbasisinformationen aus Openstreetmap, © OpenStreetMap-Mitwirkende, ODbL
Druck und Bindung: Lensing Druck GmbH & Co. KG, Feldbachacker 16, 44149 Dortmund
Printed in Germany 2018
ISBN 978-3-7408-0343-8
Originalausgabe

Vorwort

Liebe Leserin, lieber Leser!

Innsbruck ist keine Weltstadt, nein, das ist sie nicht, aber eine wirklich lebenswerte Stadt mit ordentlich Bergen drumrum.

Die Streifzüge durch die Stadtteile, durch die Straßen und Gassen bereiteten mir sehr viel Freude und bescherten mir so manches Aha-Erlebnis – ich habe viel erfahren und wieder viel dazugelernt. Es war aufregend, in wenig und weniger bekannte Ecken, in verborgene Winkel vorzudringen und noch einmal neue, besondere Facetten meiner Wahlheimatstadt zu entdecken. Ich hoffe, dieses Buch inspiriert und motiviert Sie, mit wachem Blick durch die Straßen und Gassen zu flanieren, offen zu sein für die versteckten Besonderheiten und Schönheiten Innsbrucks – bemerkenswert sind sie allemal!

Sehr viele Menschen haben sich wieder Zeit genommen für meine Fragen, ihr Wissen mit mir geteilt, mir weitergeholfen und Tipps gegeben, ihnen allen möchte ich herzlich danken – ganz besonders Tanja Rupprecht, Michaela Frick, Roland Sila, Renate Ursprunger und Angelika Schafferer, Uwe Schwinghammer, Tanja Chraust, Alexander Legniti und Peter Gstrein.

Gewidmet ist dieses Buch Sir Linus, der mich bei den ersten Erkundungstouren noch begleitet hat.

111 Orte

1 Die Abteilung Sondersammlungen

Handschriften, Inkunabeln und Co

Wer die Abteilung Sondersammlungen der 1745 gegründeten Universitäts- und Landesbibliothek (ULB) betritt, mag zunächst enttäuscht sein. Nirgends sind alte Bücher oder Manuskripte zu sehen – außer es arbeitet jemand gerade an einem der Tische. Wundern aber darf einen das nicht. Die Abteilung betreut die ältesten und wertvollsten Buch- und Sondersammelbände der ULB – alle aus der Zeit vor 1800 – und kümmert sich um weitere historische Sammlungsbestände im Tiroler Raum.

Insgesamt sind hier 73.000 Bücher verwahrt, darunter 1.200 Handschriften und Sondersammelgebiete, wie etwa Erd- und Himmelsgloben. Nach der Nationalbibliothek und der Universitätsbibliothek Graz findet sich in der ULB die drittgrößte Sammlung historischer Bestände in Österreich, im Bereich der Inkunabeln steht Innsbruck mit rund 2.000 Exemplaren gar an zweiter Stelle. Inkunabeln werden Buchdrucke bis 1500 genannt. Sie gingen in Lagenbündeln an die Käufer, die sie nach eigenen Vorstellungen künstlerisch ausgestalteten.

Die Handschriften und Inkunabeln sind zwar die Gustostückerln der Abteilung, doch der Wert beruht in der Gesamtheit eines Bestands. Schon sehr früh ins Haus gelangte zum Beispiel die Innsbrucker Hofbibliothek im Wappenturm. Weitere wertvolle Buchbestände erhielt die Bibliothek durch die Aufhebung der Klöster unter Kaiser Joseph II. im 18. Jahrhundert. Die älteste Handschrift im Haus und älteste Handschrift auf Tiroler Boden ist das »Innicher Evangeliar« (10. Jahrhundert), eine Pergamenthandschrift (Codex) mit ganzseitigen Abbildungen der drei Evangelisten Matthäus, Lukas und Johannes, Kanontafeln (diese enthalten die zu singenden und sprechenden Texte zur Feier der heiligen Messe) und Initialenschmuck – kein Objekt einfach so zum Anfassen. Im Rahmen einer Führung sind allerdings einige besondere zu sehen.

Adresse Innrain 50, 6020 Innsbruck-Innenstadt | **ÖPNV** Bus O, R, F, LK, C, M, H, TS, Tram 3, Haltestelle Klinik/Universität | **Öffnungszeiten** Mo–Do 9–16 Uhr, Fr 9–12 Uhr, Besichtigungen/Gruppenführungen auf Anfrage, Kontakt ub-sosa@uibk.ac.at | **Tipp** Das Innsbrucker Zeitungsarchiv zur deutsch- und fremdsprachigen Literatur (IZA), gegründet von Michael Klein, ist die größte universitäre Dokumentations- und Forschungsstelle für Literaturkritik im deutschsprachigen Raum.

2 Adelheid Schneller

Das erste Fräulein Doktor

Gleich vorweg: Das Grab von Adelheid Schneller gibt es nicht mehr. Es wurde zehn Jahre nach ihrem Tod aufgelöst, der Platz – Feld 42, Grab 53 – neu vergeben. Doch schon lange davor war nur noch Spärliches über sie zu finden.

Dabei war Adelheid Josefine Maria Schneller (1873–1955) die erste Frau, die an der Universität Innsbruck promovierte. 1895 legte sie die Lehrerinnenprüfung und 1902 die Reifeprüfung am Gymnasium ab. Im selben Jahr inskribierte sie Geschichte und deren Hilfswissenschaften an der Leopold-Franzens-Universität in Innsbruck. In den beiden philosophischen Rigorosen erzielte sie »glänzende Resultate«, ihre 1910 veröffentlichte Doktorarbeit widmete sie dem Thema »Der Brüsseler Friede von 1519«.

Die Promotion am 9. Dezember 1907 erregte Aufsehen. Ein Artikel in den »Innsbrucker Nachrichten« schilderte ausführlich den Ablauf der Feier bis hin zu den rosa Rosen, die das »Fräulein Doktor« erhielt. Abschließend stand zu lesen, dass sie vorläufig nicht die Absicht habe, sich einer Lehr- oder anderen wissenschaftlichen Tätigkeit zuzuwenden.

Schneller strebte offensichtlich eine literarische Laufbahn an. Doch nachdem eine Handvoll literarische Arbeiten und historische Abhandlungen erschienen war, verliert sich die Spur von Adelheid Schneller. Laut Adressbüchern aus jener Zeit wohnte sie länger in der elterlichen Wohnung in der Maria-Theresien-Straße, und sie ist wohl doch in den Schuldienst eingetreten. Das geht aus ihren Meldedaten nach dem Zweiten Weltkrieg hervor, in denen sie als ehemalige Mittelschulprofessorin und ledig aufscheint. Dort steht auch, dass Schneller am 26. November 1945 aus München zugezogen ist und in einem Lager in der Andreas-Hofer-Straße am Westbahnhof ansässig war, bis sie 1946 ins Altersheim in Saggen übersiedelte, wo sie 1955 verstarb. Sie wurde am Pradler Friedhof, laut dortigen Aufzeichnungen in einem Armengrab, bestattet.

Adresse Kaufmannstraße 1, 6020 Innsbruck-Pradl | **ÖPNV** Tram 3, Haltestelle Pradler Friedhof | **Öffnungszeiten** Nov.–Feb. 7.30–17 Uhr, März und Okt. 7.30–18 Uhr, April–Sept. 7.30–19 Uhr | **Tipp** Am Pradler Friedhof (Ostfriedhof) steht das Anatomiedenkmal. Es erinnert an alle Menschen, die ihren Körper nach dem Tod der Wissenschaft zur Verfügung gestellt haben.

3 Das Anna-Maria-Achenrainer-Grab

Die Bücher mit ans Grab

Galt sie zu ihren Lebzeiten als »Gesamterscheinung erfreulich über dem Durchschnitt« und als »bedeutender Gewinn« für die neue österreichische Lyrik, so ist sie heute fast vergessen. Die in Pfunds im Oberinntal geborene Anna Maria Achenrainer (1909–1972) besuchte die Lehrerbildungsanstalt in Innsbruck und begann Ende der 1920er Jahre, Gedichte und Erzählungen zu veröffentlichen.

Sie war 1951 Mitbegründerin der Autorenvereinigung Turmbund und engagierte sich bei den Österreichischen Jugendkulturwochen in Innsbruck. Für ihren Gedichtzyklus »Appassionata« erhielt sie 1950 den Anerkennungspreis des Österreichischen Staatspreises. 1970 zeichnete das Land Tirol Achenrainer mit dem Verdienstkreuz aus.

Der Großteil ihres Nachlasses liegt im Forschungsinstitut Brenner-Archiv, eine Leihgabe des Tiroler Landesmuseums Ferdinandeum, das ebenfalls noch einen Bestand verwahrt. Die Literaturgeschichte verortet die Schriftstellerin im Kreis der »naturmagischen Schule«. Die Landschaft ist bei Achenrainer beseelt und die Natur ein Spiegel des Innern. Die Dichterin beschwört eine Art Arkadien herauf, wendet sich ab von Technik und Fortschritt. Sie wirft einen romantisierenden, verklärenden Blick auf das bäuerliche Leben und die Tiroler Kulturlandschaft, getragen von der Sehnsucht nach einer heilen Welt. Achenrainer greift dabei gern auf die altgriechische, die altägyptische und die indische Mythologie zurück.

Ihre Werke entstanden zu einer Zeit, als experimentelle und sprachkritische Literatur auf dem Vormarsch war. Diese Entwicklung ist wohl mit ein Grund, warum Anna Maria Achenrainer heute nur noch den wenigsten ein Begriff ist. Dabei ist ihr Grab, das sich am Neuen Friedhof in Mühlau, südwestlich der Friedhofskapelle, befindet, jederzeit einen Besuch wert. Das Grabkreuz zieren nämlich die Titel ihrer Bücher. Sie hat ihre Werke sprichwörtlich mit ans Grab genommen.

Adresse Am Mühlenweg, 6020 Innsbruck-Mühlau | ÖPNV Bus A, 501, 503, Haltestelle Mühlenweg | Tipp Auf dem Friedhof in Mühlau sind einige bekannte Persönlichkeiten begraben, darunter Gerhild Diesner und Wilfried Kirschl. Unmittelbar neben Achenrainer finden sich die Grabstellen des Dichters Georg Trakl und seines Förderers, des Schriftstellers und Verlegers Ludwig von Ficker.

4 Der Altar von Schloss Tirol

Ohne Brille geht nichts

Er gilt als ein Meisterwerk der Gotik in Tirol und ist landesgeschichtlich von großer Bedeutung. Dem nicht genug: Er ist der älteste, weitgehend vollständig erhaltene Flügelaltar des Alpenraums, und darauf findet sich die erste Brillendarstellung der Region. Der um 1370 geschaffene Flügelaltar von Tirol ist ein Objekt der Superlative. Entsprechend erschöpfend hat sich die Forschung damit auseinandergesetzt, möchte man meinen.

Tatsächlich gab es bisher nur eine Monografie, erschienen 1948. Mittlerweile haben sich die Möglichkeiten in der Forschung extrem verbessert, sodass die Tiroler Landesmuseen beschlossen, den Altar – im wahrsten Sinne des Wortes – gründlich zu durchleuchten, um neue Aufschlüsse insbesondere auf restauratorischer und konservatorischer Ebene zu erhalten. Das Forschungsprojekt läuft bis 2020.

Noch Anfang des 19. Jahrhunderts stand der Altar auf Schloss Tirol (Südtirol), 1826 kam er ins Ferdinandeum nach Innsbruck, kurze Zeit später ins Kirchlein Sankt Bartlmä in Wilten. 1938 kehrte der Altar ins Ferdinandeum zurück. Anfang der 1940er Jahre wurde er in der Pinakothek in München einer grundlegenden Untersuchung unterzogen. Die Ergebnisse flossen in die genannte Monografie ein.

Dargestellt ist ein Marienzyklus von der Verkündigung über die Heimsuchung, die Geburt Christi, die Anbetung der Könige, den Tod bis zur Krönung der Mutter Gottes. Und justament bei der Abbildung des Marientodes findet sich ein Apostel, der sich beim Lesen eine Nietbrille vor die Augen hält. Dabei handelt es sich im Wesentlichen um die Kombination aus zwei Gläsern, deren Stielende durch einen Niet verbunden ist. Die älteste bekannte Darstellung einer Brille schuf übrigens Tomaso da Modena 1352 im Kapitelsaal des Dominikanerklosters in Treviso. Abgebildet sind zwei Kardinäle mit offensichtlicher Sehschwäche: Der eine hält sich ein Einglas vors Auge, der andere trägt eine Nietbrille.

Adresse Museumstraße 15, 6020 Innsbruck-Innenstadt | ÖPNV Bus A, M, O, J, C, TS, Tram 1, STB, Haltestelle Landesmuseum | Öffnungszeiten Di–So 9–17 Uhr | Tipp Das Treibhaus in der Angerzellgasse ist ein architektonisch spannender Bau, das kulturelle Angebot hervorragend wie eh und je und stets auch am Puls der Zeit.

5 Das Apothekenmuseum Winkler

Von der Alraune zum Walfischpenis

In früheren Zeiten hingen in Apotheken ausgestopfte Tiere und lagen große Stücke diverser Arzneidrogen in den Regalen. Im Apothekenmuseum Winkler in der Innsbrucker Altstadt sind eine Vielzahl ehemaliger Wundermittel zu bestaunen: eine Mumienhand etwa oder ein Bezoar (Magenstein), ein Straußenei, das Horn eines Steinbocks oder ein Schildkrötenpanzer. Kein Hokuspokus, sondern Mittel, die den Menschen bei ihren Leiden helfen sollten.

Verwendet wurde alles, was die Natur bot: Hirschhorn und Eberzähne, fossile Tintenfische und pulverisierter Hechtkiefer. Menschliche Schädeldecken von Hingerichteten nahmen die Patienten in Pulverform gegen Epilepsie, die »Fraisenkette«, hergestellt aus dem Rückgrat einer Schlange, half gegen Krampfanfälle, präparierte Korallen kamen bei Blutkrankheiten zum Einsatz. Heute im Supermarkt erhältliche Produkte gingen lange nur in Apotheken über den Ladentisch, so zum Beispiel Marzipan, ein Luxusprodukt und Kräftigungsmittel. Gewürze wie Safran und echte Vanille gab es ebenfalls nur in der Apotheke. Über viele Jahrhunderte waren Kochbücher auch Arzneibücher. Buch reiht sich an Buch in der Bibliothek des Apothekenmuseums, darunter frühe Schriften zur Medizin, zur Pharmazie, zur Chemie, zur Mineralogie und Zoologie. Ein wunderbares Universum, das die Apothekerfamilie Winkler aufgebaut und erhalten hat.

Die Stadtapotheke, 1326 vom damaligen Landesfürsten begründet, befindet sich seit dem 16. Jahrhundert im Besitz der Familie. 1683 wurde sie an jenen Standort verlegt, an dem sie sich noch heute befindet. Ludwig Winkler machte sich schließlich daran, alle historischen Objekte zu ordnen und in einem gesonderten Raum aufzubewahren. Schon 1900 dürfte er im ersten Stock des Hauses ein kleines Privatmuseum eingerichtet haben. Heute befindet sich das Apothekenmuseum im dritten Stock, betreut von Andreas Winkler.

Adresse Herzog-Friedrich-Straße 25, 6020 Innsbruck-Altstadt | ÖPNV Bus A, M, O, J, C, TS, Tram 1, STB, Haltestelle Maria-Theresien-Straße | Öffnungszeiten das Museum ist nicht barrierefrei; nur geführte Besichtigungen nach vorheriger Terminvereinbarung möglich, Kontakt mail@stadtapotheke-winkler.at | Tipp Ums Eck, in der Hofgasse, befindet sich das Strudelcafé Kröll. Wie der Name schon sagt, gibt es hier eine große Auswahl an Strudeln, von süß bis deftig. Auch das Frühstück ist wirklich köstlich.

6 Das Arthur-Zelger-Haus

Eine Werbeikone und ihr Stammhaus

Die Reklame ist nicht zu übersehen, zumindest für Liebhaber besonderer Sujets: das Z an der Hauskante des sogenannten Zelger-Hauses Maria-Theresien-Straße Ecke Anichstraße. Die Zahl 1817 verweist auf die Geschichte. Fast 200 Jahre führte die Familie Zelger ein Modegeschäft, 2015 schloss es seine Türen für immer. Heute prangt das Firmenlogo in einer kleineren modernen Ausführung einige Meter weiter über einem Wäschegeschäft, das von der Familie weiter betrieben wird.

Bedeutsam ist das Haus darüber hinaus wegen eines Sprosses, der sich der Werbegrafik verschrieben hat und einer der einflussreichsten Grafiker Tirols war und ist: Arthur Zelger (1914–2004). In diesem Haus hatte er seine Büroräumlichkeiten. Sein Markenzeichen: kräftige Farben, eine geometrisch strenge und klare Formensprache. Zelger studierte an der Kunstgewerbeschule in Wien und nahm am »staatlichen Reklameausbildungskurs« teil, wenige Jahre später erhielt er erste Preise. Nach dem Krieg gründete er in Innsbruck sein eigenes Atelier, als Lehrer an der Bundesgewerbeschule (heute HTL) bildete er ganze Generationen von Grafikern aus.

Zelgers Meisterstück als Grafikdesigner – und mit Sicherheit sein bekanntestes Motiv – ist das Tirol-Logo. Die Tirol Werbung verwendet es heute noch: Der Schriftzug hat nur einige sanfte Veränderungen erfahren. Selbst das liegende O in »Tirol« ist nicht neu – Zelger hat es bereits 1970 auf einer Skizze festgehalten. Wie überhaupt die Tourismuswerbung starke Impulse durch ihn erfuhr. Die Signets für die Olympischen Winterspiele 1964 und 1976 stammen von Zelger.

Vor wenigen Jahren wurde sein Nachlass aufgearbeitet und bildete die Grundlage der Ausstellung »Ikonen und Eintagsfliegen. Arthur Zelger und das Grafikdesign in Tirol« im WEI SRAUM – Forum für visuelle Gestaltung. Wer sich dafür interessiert, wird in der Innenstadt immer wieder auf Arbeiten von Zelger stoßen.

Adresse Anichstraße 1, 6020 Innsbruck-Innenstadt | **ÖPNV** Bus F, R, H, TS, Tram 3, STB, Haltestelle Anichstraße/Rathausgalerien | **Tipp** An der Frontseite des Taxis-Palais (Maria-Theresien-Straße 45) hängt seit 1984 ein k. k. Postkasten, in Erinnerung daran, dass es früher die Innsbrucker Hauptpost beherbergte.

7 Das Babalon

Geschichten schreiben an der Bar

Das »Babalon« war schon anfangs wie immer schon da. Und es lief – im Gegensatz zu vielen anderen in der Bogenmeile – nie Gefahr, eine Spelunke zu werden. Es könnte sein, dass es an der Madonna liegt, die seit Anbeginn in der Mitte des Lokals thront. Es könnte sein, dass es an der Einrichtung liegt, die über die Jahre, trotz intensiver Nutzung, Beständigkeit ausstrahlt. Es könnte aber ebenso an den Gästen liegen. Wie auch immer: Ins Babalon geht man zu später oder noch späterer Stunde auf einen Absacker oder länger. Voll kann es sein und laut und bunt.

Genau die richtige Atmosphäre für einen jungen Schriftsteller, der gierig nach Geschichten ist und nach Gesichtern. Und so konnte man vor vielen Jahren Bernhard Aichner im Babalon treffen. Drei bis vier Mal die Woche saß er an der Theke, ein Büchlein vor sich, und notierte – Stimmungen, Gesprächsfetzen, Ideen, Szenen. Im Jahr 2000 erschien sein erstes Buch, es umfasste neun Erzählungen – und hieß »Babalon«.

Neun Geschichten von Menschen, die im Babalon hätten sitzen können, irgendwann in ihrem Leben: die Blinde, die nicht merkt, dass ihr Freund sie immer wieder fotografiert, die Witwe, die einen Maler kennenlernt, der wieder verschwindet, oder die alte Hure, die sich über eine Kontaktanzeige noch einmal ein anderes Leben herbeisehnt. Aichners Erstling verkaufte sich bis heute keine 300 Mal. Es folgten die Romane »Das Nötigste vom Glück«, »Blau«, »Schnee kommt«. Sie kamen bei der Kritik gut an, er wollte mehr Leser und verlegte sich auf Krimis. Mit Brünhilde Blum schaffte er den Durchbruch: Die Trilogie um die Bestatterin und Mörderin verkaufte sich über 400.000 Mal.

Aichner ist bei allen großen Krimi-Festivals dabei, hat eines in Tirol gegründet. Er schreibt Hörspiele, Theaterstücke, Romane. Und er sitzt immer noch gern in Lokalen beim Schreiben, ab und zu auch im Babalon, das immer schon da war, irgendwie – und bleibt.

Adresse Viaduktbogen 22, 6020 Innsbruck-Innenstadt | ÖPNV Tram 1, Haltestelle Brunecker Straße oder Ing.-Etzel-Straße | Öffnungszeiten Di–So 18–3 Uhr | Tipp Die p.m.k (Plattform mobiler Kulturinitiativen) wenige Schritte weiter verfügt über Büroräumlichkeiten und einen Veranstaltungsraum mit Barbereich, in dem ein abwechslungsreiches Konzertprogramm geboten wird.

8 Die Bäckerei Kröll

Beim Brotmachen zuschauen

Frühmorgens in der Altstadt heißt noch nicht Lieferwagen an Lieferwagen, frühmorgens in der Altstadt heißt Ruhe, Stille, leere Gassen. Wer in die Riesengasse abzweigt, dem steigt nach einigen Metern der Duft frischen Brots in die Nase, und der kann den Bäckern beim Backen zusehen.

»Marion's Backstube«, steht auf dem Fenster. Dahinter holen die Bäcker den Teig aus den großen Rührschüsseln und formen Laibe. Jede Bewegung, jeder Handgriff sitzt – man kommt sich nicht in die Quere. Am Ende werden die Brote auf Bleche verteilt und über Kopf auf eine Ablage gestellt, rasten, warten auf das Backen.

Marion Erhart-Kröll leitet die Bäckerei in dritter Generation. Ihr Großvater besaß eine an der Ecke Sillgasse / Universitätsstraße. 1953 übernahm er die Bäckerei in der Riesengasse. Damals gab es noch sechs Bäcker in der Altstadt, sagt Erhart-Kröll, heute ist ihre Backstube die einzige. Überlegungen, die Altstadt wieder zu verlassen, gab es immer wieder. Liefern ist nur bis zehn Uhr erlaubt, die Lagermöglichkeiten sind minimal. Jeden Tag bringt der Besitzer der ebenfalls in der Altstadt angesiedelten »Mehlniederlassung« Götsch die benötigte Menge Mehl. Ganze 130 Quadratmeter stehen gesamt zur Verfügung, 13 Quadratmeter groß ist das Verkaufslokal. Trotzdem wird noch alles selbst gemacht, bis hin zum Sauerteig. Fertigmischungen oder gar Teigrohlinge kommen ihr nicht in den Ofen. Rund 80 Sorten inklusive Kleingebäck gibt es. Vor einigen Jahren kam Marion Erhart-Kröll auf die Idee, Vorbeigehenden den Blick in die Backstube zu ermöglichen. Die Bäcker waren zunächst nicht begeistert, fanden es viele Nachtschwärmer doch lustig, Blödsinn zu machen. Mittlerweile lassen sie sich nicht mehr aus der Ruhe bringen. Einen Blick durch das Fenster werfen kann man jederzeit, am spannendsten ist es aber, wenn die Bäcker am Werk sind – und einem der Duft frisch gebackenen Brots in die Nase steigt.

Adresse Riesengasse 9, 6020 Innsbruck-Altstadt | ÖPNV Bus A, M, O, J, C, TS, Tram 1, STB, Haltestelle Museumstraße | Öffnungszeiten Mo–Fr 7.30–18 Uhr, Sa 7–12 Uhr | Tipp Das »Kastl« wenige Schritte weiter präsentiert die Produkte von mehr als 100 kleinen Produzenten, ist Kreativ-, Design- und Schmankerlshop.

9 Das Bahnviadukt

Bis alles zerbröselt

Als die erste Hungerburgbahn 1906 eröffnet wurde, war man voll des Lobes. Gewürdigt wurden nicht nur die finanziellen Anstrengungen, die unternommen worden waren, um das sonnige Plateau nördlich von Innsbruck zu erschließen. Gewürdigt wurde auch die Ausführung der Trasse nach Plänen des Ingenieurs Josef Riehl.

Da war die 70 Meter lange Stahlbrücke, die »in schwindelnder Höhe« den Inn überspannte. Dazu zwei gemauerte kleine Brücken, die den Richards- und den Schillerweg in Mühlau querten. Direkt unter der Hungerburg lief die Drahtseilbahn schließlich über eine elegante 170 Meter lange Viaduktkonstruktion.

Bei einer Gesamtlänge von nicht einmal 900 Metern überwand die Hungerburgbahn so fast 300 Höhenmeter und brachte Einheimische und Touristen auf das Plateau. Während der Fahrt genossen sie einen herrlichen Blick auf die Stadt, auf die umliegende imposante Bergwelt.

Ihr 100-Jähriges erlebte die einst so gelobte Bahn nicht mehr. Mit dem Bau der neuen Hungerburgbahn vom Stadtzentrum aus waren die Tage der alten gezählt – im Dezember 2005 fuhr sie das letzte Mal. Seither ist die Anlage ihrem Schicksal überlassen. Das Stampfbetonviadukt und die große Stahlbrücke sind zwar denkmalgeschützt, der Rest der Trasse wurde jedoch abgetragen, so die zwei Brücken über den Richards- und den Schillerweg. Die Schneise ist noch gut zu erkennen, aber bereits stark überwuchert.

Das einst so elegant wirkende Stampfbetonviadukt bröselt vor sich hin, mittlerweile mussten die Durchgänge gesichert werden, und auch an der filigran wirkenden Fachwerkbrücke über den Fluss nagt der Zahn der Zeit. Dabei handelt es sich bei diesen Bauwerken um wirklich bemerkenswerte Zeugnisse hoher Ingenieurskunst. Hier treffen die »Stahlbauepoche nach dem Vorbild des Eiffelturms und die Betonepoche« aufeinander, wie Günter Denoth vom Tiroler Eisenbahnarchiv vor Jahren betonte.

Adresse Wilhelm-Greil-Weg (unter der Hungerburg), 6020 Innsbruck-Mühlau | ÖPNV Bus W, Haltestelle Alpenzoo, Bahn HBB, Haltestelle Hungerburg | Tipp Zwischen markanten Bauten wie der Talstation der Patscherkofelbahn, dem ehemaligen Hotel Mariabrunn oder dem ehemaligen Gasthaus Linde findet sich auf der Hungerburg ein architektonisches Kleinod aus den 1950er Jahren mit markantem Flugdach, das renoviert und innen in einen Concept Store verwandelt wurde: Hitt und Söhne.

10 Die Bildstöcke

Pilgern an der Schnellstraße

Wer heute an der vierspurigen Haller Straße im Gewerbegebiet Mühlau/Arzl steht, tut sich schwer mit der Vorstellung, dass hier einmal Kontemplation möglich war. Selbst auf den Thaurer Feldern herrscht meist geschäftiges Treiben. 1590 war rundum grüne Wiese, und Erzherzog Ferdinand II. ließ auf Wunsch seiner zweiten Frau Anna Caterina einen Pilgerweg mit 15 Holzsäulen und Bildern des Rosenkranzgeheimnisses anlegen – von Mühlau über die Innauen zur zeitgleich errichteten Loretto-Kapelle in der damals noch dicht bewaldeten Haller Au.

Erzherzog Leopold V. veranlasste, die Holzsäulen 1628 durch Steinsäulen zu ersetzen und mit neuen Bildern zu versehen. Als unter Maria Theresia die Reichsstraße kam, mussten die Bildstöcke erstmals weichen und kamen an die Nordseite der neu angelegten Straße.

Heute sind nur wenige der Brekziepfeiler relativ schnell auszumachen. Wer mit dem Auto unterwegs ist, braucht mehrere Fahrten, um sie alle zu entdecken. Denn mittlerweile stehen einige nördlich und einige südlich der Schnellstraße und in unterschiedlichen Abständen. Der eine verschwindet im Gebüsch, der andere ist zwischen den parkenden Autos kaum auszumachen. Nur auf den Thaurer Feldern sieht man die Bildstöcke sofort. Kurzum: Man muss Augen haben wie ein Luchs, gleichzeitig die Straße im Auge behalten und möglichst zügig fahren, immerhin befindet man sich auf einer Schnellstraße, und die Toleranz der Autofahrer ist endlich.

1950 erhielten drei heimische Künstler den Auftrag, die Bildstöcke neu zu gestalten. Walter Honeder entwarf die Motive des Freudenreichen, Helmut Rehm die des Schmerzreichen und Max Weiler die des Glorreichen Rosenkranzes, vier Motive gestaltete 1990 Christian Sanders. Welcher Pfeiler welches Motiv trägt, lässt sich aus dem Auto heraus nicht bestimmen. Dafür muss man sich die Bildstöcke erwandern – kontemplativ ist das nicht.

Adresse Haller Straße, 6020 Innsbruck-Gewerbegebiet Mühlau/Arzl | **ÖPNV** Bus 504, Haltestelle Neu-Arzl | **Tipp** Neben der Markthalle in der Innenstadt ist der Fruchthof in der parallel zur Hallerstraße verlaufenden Josef-Wilberger-Straße beliebte Anlaufstelle für Gourmets, Hobbyköche und Freunde kulinarischer Feinheiten.

11 Der Bretterkeller

Einkehren an und unter der Autobahn

Anfang des 19. Jahrhunderts gab es drei Brauereien in Innsbruck: eine auf Schloss Büchsenhausen, eine in der Altstadt und eine am Rennweg, das heutige Restaurant Löwenhaus. 1825 eröffnete der aus Südtirol zugereiste Fabrikant Franz Josef Adam in der Adamgasse in Wilten eine weitere Brauerei. Nach seinem Tod übernahm seine Frau Elisabeth die Geschäfte und ließ 1833 den Bretterkeller am Paschberg errichten. Nur zwei Jahre später musste sie Brauerei samt Bretterkeller verkaufen.

Der Bretterkeller, lange nicht viel mehr als ein »Schupfen« mit einem in den Felsen gehauenen Keller, hielt sich, trotz mehrmaliger Besitzerwechsel. Sommers kehrten die Wanderer ein, winters die zahlreichen Rodler. Das Gedränge muss groß gewesen sein, die »Innsbrucker Nachrichten« berichten immer wieder von Zusammenstößen. Als »beliebtes Ruheplätzchen vor dem Aufstieg zur Höhe, belebt durch den Strom der vorüberziehenden Spaziergänger nach Ambras und die Dörfer des Mittelgebirges, die Bergwanderer auf den Patscherkofel und den Glungezer«, beschrieb das »Innsbrucker Trinkbrevier« die Einkehr 1926. Die in den 1930er Jahren am Eingang der nahen Sillschlucht veranstalteten Freilichtspiele brachten zusätzlich Kundschaft. Zur Aufführung gelangten etwa »Der Jäger vom Fall« oder »Die Räuber vom Glockenhof«.

Fotografien der Nachkriegszeit zeigen den Bretterkeller idyllisch am Waldrand gelegen. Direkt am Haupthaus vorbei führt der breite Weg zum Tummelplatz, nach Vill und Igls, südlich davon im Hang ein gemütlicher Gastgarten. Heute erheben sich hier die wuchtigen Betonstützen der Brennerautobahn, in ihrem Schatten nur blanke Erde. Direkt unter der nördlichen Hausmauer braust der Verkehr auf der Inntalautobahn, über die eine Fußgängerbrücke zum Gasthaus und eine schmale Asphaltstraße weiter zum Naherholungsgebiet Paschberg führt. Seine verzwickte Lage tut der Beliebtheit des Gasthauses keinen Abbruch.

Adresse Viller Berg 1, 6020 Innsbruck-Wilten | **ÖPNV** Tram 6, Haltestelle Bretterkeller | **Öffnungszeiten** Mo–So 10–24 Uhr | **Tipp** Wie schon im 19. Jahrhundert bietet es sich an, den Besuch des Bretterkellers mit einer Wanderung am Paschberg zu verbinden.

12 Das Bruno-de-Finetti-Geburtshaus

Von der Möglichkeit des Möglichen

Mit Gedenktafeln ist es so eine Sache. Oft nimmt man sie einfach nicht wahr, obwohl man täglich oder häufig daran vorbeispaziert – bis zu jenem Tag, an dem eine von ihnen einen plötzlich innehalten lässt. Man meint dann gern, sie müsse ganz neu sein – und liegt damit ziemlich sicher falsch. Ein solcher Moment könnte einen gleich zweimal überkommen, wenn man die Conradstraße entlanggeht.

Denn sowohl Haus Nummer 6 als auch Haus Nummer 8 beherbergten berühmte Leute. Der eine ist allerdings bekannter als der andere. Im Haus Nummer 6 lebte der Physiker Victor Franz Hess, der für die Entdeckung der kosmischen Strahlung 1936 den Nobelpreis für Physik erhielt.

Der andere berühmte Mann wohnte eine Tür weiter und ist in Innsbruck nahezu unbekannt. Das mag daran liegen, dass Bruno de Finetti (1906–1985) keinen Nobelpreis einheimste, mehr noch daran, dass er den Großteil seines Lebens in Italien verbrachte, und ein bisschen daran, dass die Materie, mit der er sich beschäftigte, noch schwerer zu fassen ist als eine mögliche kosmische Strahlung – zumindest für Laien.

Finetti wurde in Innsbruck geboren, nach dem Tod des Vaters übersiedelte die Mutter mit den Kindern nach Trient. Der hochbegabte Junge studierte in Mailand Mathematik, seine Forschungen widmete er der Theorie des Zufalls. Er wurde Dozent, später Professor für Wahrscheinlichkeitslehre an der Universität von Rom und veröffentlichte wichtige Abhandlungen zum Thema. Seinen 80. Geburtstag wollte Finetti angeblich in Innsbruck feiern. Dazu kam es aber nicht. Als der Begründer der Theorie der subjektiven Wahrscheinlichkeit starb, würdigten ihn italienische Zeitungen als großen Denker und Gelehrten. Vielleicht hält Finettis Theorie eine Erklärung bereit, wieso man Dinge übersieht und plötzlich sieht – vielleicht aber auch nicht. Die Gedenktafel wurde jedenfalls 2011 angebracht.

Adresse Conradstraße 8, 6020 Innsbruck-Saggen | **ÖPNV** Bus T, Tram 1, Haltestelle Claudiastraße | **Tipp** Die familiengeführte Bäckerei und Konditorei Moschen in der Schillerstraße ist für ihre hervorragenden Backwaren bekannt – beispielhaft erwähnt seien das saftige Sauerteigbrot und die nur saisonal angebotenen Rhabarberstrudel, Zwetschkenfleck und Vermicellischnitten.

13__Das Buchstabenarchiv

Von A bis Z in der Scheune

Karen Gleissners Leidenschaft für Buchstaben entbrannte, als sie das Buchstabenmuseum in Berlin besuchte. Die dort präsentierten Fassadenschriftzüge, Leuchtreklamen und Buchstaben weckten den Wunsch in ihr, diese Zeugnisse des Grafikdesigns, der Typografie in Tirol zu sammeln. Das war vor rund zehn Jahren. Seither hat die Grafikerin ein wachsames Auge auf Geschäfte, die aufgelassen, Hotels, die renoviert werden, Gebäude, die leer stehen – denn meist heißt das, die Schriftzüge und Reklamen verschwinden.

Typografien sind Moden unterworfen, spiegeln den Geschmack der Zeit. Unterschiedliche Materialien wie Holz, Stahl, Neon oder Plastik kommen zum Einsatz, Formen und Farben variieren. Karen Gleissner möchte erhaltenswerte Typografien vor der Zerstörung retten und damit die historischen, typografischen, aber auch emotionalen Geschichten, die mit ihnen verbunden sind. Nicht zuletzt lässt sich mit ihnen die Geschichte des Grafikdesigns in Tirol nacherzählen.

Wurden Schilder und Reklamen früher noch von Hand hergestellt, aus hochwertigen Materialien und sehr individuell, so werden sie heute industriell und in Masse gefertigt. Umso wichtiger ist es, bewusst wahrzunehmen, welche Schätze an den Mauern hängen können.

Mittlerweile hat Karen Gleissner ihre wachsende Sammlung in eine Scheune ausgelagert. Dort stehen unzählige Buchstaben und Schriftzüge übereinandergestapelt, nebeneinandergelegt und warten darauf, irgendwo wieder zum Einsatz zu kommen – wie etwa 2017 bei der Ausstellung »Urbantypes Innsbruck« im WEI SRAUM – Forum für visuelle Gestaltung in Innsbruck. Längerfristiges Ziel von Karen Gleissner ist es, alle Objekte systematisch zu erfassen und eine Mauer im öffentlichen Raum mit besonderen Fassadenschriftzügen und Buchstaben zu bespielen. Bis es so weit ist, lässt sie Interessierte gern einen Blick hinters Scheunentor in ihr Buchstabenarchiv werfen.

Adresse Schneeburggasse 193, 6020 Innsbruck-Hötting | **ÖPNV** Bus A, Haltestelle Klausnerstraße | **Öffnungszeiten** Lager nur auf Anfrage zu besichtigen, Kontakt buchstabenarchiv@aon.at | **Tipp** WEI SRAUM – Forum für visuelle Gestaltung in der Andreas-Hofer-Straße widmet sich mit Ausstellungen, Diskussionen und Publikationen dem weiten Feld der Grafik.

14_Clima Wohnen

Ein Architekturjuwel der Nachkriegszeit

Das fünfgeschossige ehemalige Hotel Clima in der Zeughausgasse war 1946/47 einer der ersten Neubauten nach dem Zweiten Weltkrieg. Die Pläne dafür lieferte der junge Innsbrucker Architekt Ernst Hiesmayr. Von 1962 bis 1963 erhielt das Hotel einen Zubau im Osten. Danach wurde nur noch wenig investiert. Das und die touristisch wenig attraktive Lage verwandelten das einst stolze Gebäude im Laufe der Zeit in ein Sorgenkind. Schließlich stand es einige Jahre leer. Im Jahr 2004 änderte sich endlich die Situation: das Gebäude wurde unter Denkmalschutz gestellt. Mittlerweile war es nämlich einer der wenigen erhaltenen Neubauten aus jener Zeit, »wodurch dem Objekt Dokumentarcharakter zukommt«, wie das Bundesdenkmalamt (BDA) festhielt.

2008 wurde das Clima umfassend restauriert und als Wohngebäude adaptiert. Die auffälligen erkerartigen, durch Setz- und Querhölzer akzentuierten Fenster dominieren die Fassade. Diese charakterisierende Struktur wird an der Südfassade wiederholt, wobei hier ein riesiges, farbenprächtiges Mosaik ins Auge sticht. Es stammt von Max Weiler, wurde zehn Jahre nach der Errichtung des Hotels angebracht und ist vollständig erhalten. Aus der abstrakten Komposition leuchtet der Name des Architekten. Das Bundesdenkmalamt würdigt hier »die Neuheit der Technik in der Verwendung ungleich großer Bruchstücke verschiedenfarbig glasierter Keramikplatten«. Es gibt keine glatten Flächen, was dazu führt, dass je nach Lichteinfall unterschiedliche Effekte entstehen.

Mindestens ebenso ins Auge sticht der rot-weiße Schriftzug »Clima-Wohnen«. Die im Original erhaltene Leuchtreklame »Clima Hotel« wurde passend zur neuen Nutzung abgeändert. Und das aus gutem Grund: Laut BDA stammt der Entwurf vom deutschen Designer und Grafiker Otl Aicher, Gründungsmitglied der Hochschule für Gestaltung in Ulm und einer der bedeutendsten Grafikdesigner seiner Zeit.

Adresse Zeughausgasse 7, 6020 Innsbruck-Dreiheiligen | ÖPNV Bus O, Haltestelle Dreiheiligenstraße | Öffnungszeiten nur von außen zu besichtigen | Tipp Die alte Pradler Brücke führte von Dreiheiligen auf den heutigen Brückenplatz. In dessen Verlängerung Richtung Süden steht der Pizanhof, Geburtshaus von Rudolf Greinz (1866–1942), einem der bekanntesten Tiroler Schriftsteller seiner Zeit.

15 __ columbosnext

Architektur und mehr im Stellwerk 2

Bei der Suche nach einem Atelier für das Architektur- und Kunstkollektiv columbosnext entdeckte der Architekt Walter Psenner das Stellwerk 2 im Südwesten des Innsbrucker Hauptbahnhofs. Das seiner ehemaligen Funktion entsprechend turmförmig ausgeführte Gebäude mit aufgesetzter Kommandobrücke hatte schon einige Interessenten angezogen – columbosnext bekam den Zuschlag.

Über eine schmale Treppe geht es hinauf in den Zwischenstock mit Küchenzeile, dann weiter in den Schaltraum mit großen Fensterfronten zu den Gleisen hin. Hier werkt das Kunst- und Architekturkollektiv, bestehend aus Architekten, Künstlern, Architekturstudenten, Filmemachern, Musikern und anderen kreativen Leuten. Das Stellwerk 2 ist Architekturbüro, Werkstatt, Denkort und Proberaum, multifunktional und interdisziplinär. Hier werden Bauwerke geplant, Konzerte, Ausstellungen und Vorträge organisiert, die zum Teil in den eigenen Räumlichkeiten stattfinden, zum Teil in Kooperation mit anderen Kultureinrichtungen durchgeführt werden. Die temporären Bauten für das jährlich stattfindende Elektronikfestival »Heart of Noise« etwa entstehen im Stellwerk 2. Wie überhaupt der öffentliche Raum für columbosnext ein spannendes Feld ist: Die große Holzplattform, die lange im Waltherpark stand und schließlich aus Haftungsgründen abgebaut werden musste, war eine Arbeit von columbosnext.

Der Name des Kollektivs stammt übrigens von der Kultserie »Columbo«. Neben einem »harten Kern« an durchgängig Aktiven rund um Walter Psenner und Verena Rauch gibt es eine Reihe von Leuten, die nur temporär mitmachen. Jeder bringt seine Qualitäten ein, sein Wissen, seine Erfahrung auf den jeweils spezifischen Gebieten. Daneben widmet sich columbosnext auch rein architektonischen Herausforderungen. So entstanden im Stellwerk 2 die Pläne für die Aussichtsplattform »Gacher Blick« im Tiroler Oberland und das Hard Rock Café Innsbruck.

Adresse Südbahnstraße 1b, 6020 Innsbruck-Wilten | ÖPNV Bus F, R. H, M, 501, 502, 503, 505, 590, Haltestelle Heiliggeiststraße | Öffnungszeiten Besichtigung innen auf Anfrage und bei Veranstaltungen, Kontakt labor@columbosnext.com | Tipp Rund ums Wiltener Platzl hat sich in den letzten Jahren eine Reihe feiner Lokale und Geschäfte etabliert. Ein traditionsreiches ist Wachter's Wohnen und Schenken.

16 Das crema coffee & delights

Auf einen Cupcake und einen Espresso

Sie war Buchhändlerin, bevor sie sich den Traum eines eigenen Lokals erfüllte. Im Sommer 2016 eröffnete Julia Steinlechner das crema coffee & delights (kurz: Crema) in der schmalen Welsergasse, die südlich des Sporthauses Okay von der Maria-Theresien-Straße zum Landhausplatz führt. Ein kleines Lokal mit fünf Tischen, in den wärmeren Monaten (oder für Abgebrühte) gibt es einige einladende Sitzgelegenheiten vor der Tür.

Von der Theke aus hat Julia Steinlechner alles im Blick, hinter der Theke spielt sich alles ab: Hier brüht Julia den Kaffee, bereitet die Aperitifs, hier zaubert sie ihre feinen Quiches, Törtchen und Kuchen. Herz- und Glanzstück im Thekenbereich ist die Faema E 61. Sie ist der Klassiker unter den wuchtigen italienischen Kaffeemaschinen, macht unübertroffen den besten Espresso, Cappuccino und Macchiato.

Es gibt kleine Speisen, frisch zubereitet und nur solange der Vorrat reicht. Julia Steinlechner ist Köchin aus Leidenschaft und hat die Ausbildung parallel zum Beruf als Buchhändlerin nachgeholt. Sie schwört auf ihr Baiser-Rezept, hat ihr perfektes Tarte-Rezept längst gefunden. Beim Backen hält sie sich genau an die Vorgaben im Rezept, beim Kochen variiert sie gern. Die Zutaten sind stets möglichst bio, möglichst regional, saisonal und natürlich frisch. Seit einiger Zeit gibt es im crema auch kunstvoll drapierte – und ausgezeichnet schmeckende – Cupcakes aus der Backstube von Olivia Platt.

Was nicht heißt, dass in ein, zwei oder drei Monaten nicht wieder etwas Neues auf der Speisekarte und Getränkeliste steht. Hat Julia Steinlechner nämlich einen guten Schampus in Frankreich genossen, irgendwo ein würziges Bier verkostet, eine neue Sirupkombination ausprobiert oder einen neuen Kuchen kreiert, gibt es den schwupp im crema. Auf Anfrage erhalten die Gäste den einen oder anderen Büchertipp gratis dazu – nicht nur im Kochbuchbereich.

Adresse Maria-Theresien-Straße 49a (Welsergasse), 6020 Innsbruck-Innenstadt | **ÖPNV** Bus H, R, F, 501, 502, 503, 505, 590, Tram 3, Haltestelle Triumphpforte | **Öffnungszeiten** Di–Fr 9–19 Uhr, Sa 10–18 Uhr, So 13–18 Uhr, Mo und Feiertage geschlossen, Achtung: Geschäftszeiten können je nach Saison variieren, Kontakt coffee@crema.at | **Tipp** Der Vereinigungsbrunnen (zwei glatte dunkle Steine, dazwischen eine Wasserfontäne) auf der östlichen Seite des Landhausplatzes erinnert an die Eingemeindung von Arzl, Vill, Igls, Hötting und Mühlau (größerer Stein) sowie Pradl, Amras und Wilten (kleinerer Stein).

17 Die Daniel-Herz-Orgel

Ein Klangwunder des Frühbarocks

Das Gehäuse ist schwarz gefasst, die Ornamente vergoldet, abgestimmt auf die in den gleichen Farben gefassten neun Altäre in der Wiltener Stiftskirche. Und sie ist klein – für eine Orgel. Dabei gehört sie zu den großen Musikinstrumenten in Innsbruck, das bekannt ist für seine Orgeln – wie etwa die Ebert-Orgel in der Hofkirche. Denn die Herz-Orgel, benannt nach ihrem Erbauer Daniel Herz, weist einen hohen Originalbestand auf.

Daniel Herz war einer der bedeutendsten Orgelbauer seiner Zeit. Geboren 1618 in München, ließ er sich Mitte des 17. Jahrhunderts in Innsbruck nieder. Ab 1671 betrieb er eine Werkstatt in der Leopoldstraße südlich des heutigen Kaiserschützenplatzes. Er starb 1678, seine Grabplatte befindet sich auf der Südwand der Basilika Wilten.

Die Innsbrucker Herz-Orgel datiert aus dem Jahr 1675. Herz hat sie noch begonnen, sein Mitarbeiter und Nachfolger Johann Hackhofer stellte sie fertig. Im Zweiten Weltkrieg war sie in Stift Stams untergebracht, danach kehrte sie auf die Westorgelempore zurück und wurde – nach Jahrzehnten – wieder spielfähig gemacht. Erst mit dem Bau der großen Stiftsorgel 1963 kam die Herz-Orgel an die Seitenempore des Presbyteriums, wobei im Zuge der Übersiedlung unter anderem die originale Balganlage verlustig ging. Bei der Restaurierung in den 1960er Jahren wurden die Mängel behoben. 2002/03 erfolgte die bisher letzte Restaurierung, dabei wurden alle Bestandteile in den Originalzustand zurückversetzt.

Für Stiftsorganist Kurt Estermann ist diese kleine Orgel ein Meisterwerk, und er hat ihr und ihrer Geschichte ein Buch gewidmet. »Das Instrument ist ein seltenes Beispiel einer reinen Ripieno-Orgel nördlich der Alpen, ein Konzept, das vor allem für den italienischen Orgelbau typisch ist«, schwärmt er. Fast jeden Donnerstag, um 6.30 Uhr in der Früh, ist der herausragende Klang dieser großen kleinen Orgel im Rahmen der Orgelmesse zu hören.

Adresse Klostergasse 7, 6020 Innsbruck-Wilten | ÖPNV Tram 1, 6, Haltestelle Bergisel/ Tirol Panorama | Öffnungszeiten Führungen und Besichtigungen auf Anfrage, Kontakt stiftsorganist@stift-wilten.at | Tipp Das Leuthaus ist Sitz eines der ältesten Knabenchöre Europas. Die Geschichte der Wiltener Sängerknaben reicht bis ins 13. Jahrhundert zurück.

18_Die Destillerie A. Lauda

Hochprozentiges im Innenhof

Die Auslage lässt einen innehalten und gibt einem das Gefühl, die Geschäftsräumlichkeiten stünden leer. Alte Destilleriegeräte stehen da neben Flaschen, deren Design man getrost als angestaubt bezeichnen kann. Einzig die Tatsache, dass das Schaufenster der Jahreszeit entsprechend dekoriert ist, weist darauf hin, dass der Laden nicht geschlossen ist. Betritt man das Geschäft, betritt man eine andere Welt. Die dunklen Holzregale, die Holzfässer, die massive Holztheke, ja, auch die Flaschen in den Regalen sagen: Hier ist die Zeit stehen geblieben.

Destillerie und Getränkehandel Lauda beliefert Gastronomie und Private mit Hochprozentigem, das im Gebäude im Innenhof gebrannt wird. Brennmeister ist Viktor Inama. Ein Quereinsteiger sei er gewesen, erzählt er. Seit 1999 ist er im Betrieb tätig. Sein Reich ist überschaubar, Verpackung und Etikettierung im Parterre, Destillerie und Lagerung im Keller. Bis 2005 gab es eine Filiale in der Andreas-Hofer-Straße, bis in die 1990er Jahre eine in der Altstadt.

Zu den Spezialitäten des Hauses gehören seit jeher klassische Brände wie Williams, Vogelbeere und Marillenschnaps, dazu kommen Liköre – insgesamt produziert Inama rund 100.000 Liter Schnaps und Likör im Jahr. Befüllen der Flaschen, Etikettieren – alles wird noch manuell gemacht, alles von Herrn Inama, wie die Verkäuferin betont.

Die Vorgeschichte von Destillerie und Getränkehandel Lauda ist eine dramatische: Das Gebäudeensemble Heiliggeiststraße 2 samt Stöcklgebäude gehörte einst Egon Dubsky, der hier eine Branntweinbrennerei und Essigerzeugung betrieb. Die Liegenschaft wurde in der NS-Zeit arisiert, der Besitzer im Arbeitserziehungslager Reichenau ermordet. Nach dem Krieg einigten sich Dubskys Frau und der »Ariseur« Franz Gutmann außergerichtlich. 1951 verlegte die Firma Lauda ihre Geschäftstätigkeit in die Räumlichkeiten. Der heutige Besitzer lebt im Unterland.

Adresse Heiliggeiststraße 2, 6020 Innsbruck-Wilten | ÖPNV Bus F, R, H, M, 501, 502, 503, 505, 590, Haltestelle Heiliggeiststraße | Anfahrt Mo–Do 9.30–12 und 13–15.30 Uhr, Fr 9.30–12 Uhr | Tipp Das Kater Noster in der Leopoldstraße hat sich binnen kürzester Zeit zu einem äußerst beliebten Treffpunkt für Junge und Junggebliebene entwickelt.

19 Der Dürer-Blick

Die Skyline von Innsbruck

Neben dem Bild Innsbrucks im Schwazer Bergwerksbuch ist Albrecht Dürers Aquarell »Innsbruck von Norden« die bekannteste historische Darstellung der Tiroler Landeshauptstadt. Entstanden ist sie um 1496, als Dürer auf seiner Venedig-Reise in Innsbruck Station machte.

Das Aquarell zeigt die Stadt von der Hofburg links bis zur Innbrücke (rechts) und die dahinterliegenden Berge. Der zu diesem Zeitpunkt mit einem Gerüst gesicherte Wappenturm, eines der zentralen Prestigeprojekte Kaiser Maximilians I. und heute nicht mehr existent, lässt den Stadtturm geradezu mickrig aussehen. Was offensichtlich so gewollt war. Das etwa postkartengroße Aquarell malte Dürer mit Sicherheit nicht in Innsbruck. Das Papier für die Stadtvedute verwendete er erst ab Ende der 1490er Jahre. Zudem entstand das Bild in drei Etappen: zuerst der linke Teil samt dem Wasser des Inns, dann – weniger detailgenau – die rechte Seite und schließlich die obere Hälfte des Himmels und die Wolken.

Seit einiger Zeit ziert eine Kopie des wertvollen Dürer-Bilds eine der Betonsäulen des wenig ansehnlichen Pavillons im Waltherpark. Dieser steht seit Ende der 1980er Jahre und sollte ursprünglich eine Laube werden. Allerdings blieb es bei der Idee. Das Betonskelett erhielt kein Pflanzenkleid. Vielmehr diente es häufig der Unrat- und Müllablagerung, kein Ort, an dem man die Aussicht auf die Altstadt genoss. Das hat sich geändert.

Die Künstlerin Katharina Cibulka und die Architektin Silvia Boday haben die Umrisslinien der bekannten historischen Stadtansicht von Albrecht Dürer in Form von Stahlelementen in den Pavillon eingepasst. Der Künstler dürfte seine Staffelei nämlich tatsächlich in etwa da aufgestellt haben, wo heute der Betonpavillon steht. Interessierte können die ehemalige und die heutige Skyline nun scharfsichtig vergleichen und in Dürer-Manier mit den Fingern Konturen in die Luft malen.

Adresse Waltherpark, 6020 Innsbruck-Sankt Nikolaus | **ÖPNV** Bus W, 501, H, J, Haltestelle Innstraße | **Tipp** Der Kulturverein Vogelweide bespielt den nach Walther von der Vogelweide benannten Park mit Kulturveranstaltungen unterschiedlicher Art und ist eine Plattform für Partizipation. Infos unter www.vogelweide.org.

20 Die ehemalige Theresianische Normalschule

Wenn das Mauerwerk von Geschichte erzählt

Die unter Maria Theresia von Österreich durchgeführte Schulreform sah vor, dass alle Kinder lesen, schreiben und rechnen lernten. Voraussetzung dafür war geeignetes Lehrpersonal. Ab 1768 gab es in der Innsbrucker Kiebachgasse eine Ausbildungsstätte für angehende Lehrerinnen, die »Theresianische Normalschule« (auch Maria-Theresianische Normalschule). Doch das ist nicht alles, was dieses der Stadt Innsbruck gehörende, seit Jahren leer stehende Gebäude zu erzählen weiß.

Barbara Lanz, Sonja Mitterer und Patricia Tartarotti von Bauforschung Tirol haben das Mauerwerk des Hauses untersucht, Proben entnommen und so die Baugeschichte des Gebäudes umfassend nachvollzogen. Grundlage dafür waren historische Pläne, die ihnen zeigten, wo Änderungen stattgefunden haben. Als den ältesten Bauteil konnten sie die Mauer zum danebenliegenden Hotel Rössl identifizieren. Ein Bereich der westlichen Seitenwand stammt aus dem 13. Jahrhundert. Zudem fanden sie Reste eines Spitzbogens im ersten Stock. Eine Überraschung ergab die genaue Untersuchung der hölzernen Galerie. Die Bauforscherinnen stellten fest, dass diese erst bei der Umgestaltung zur Normalschule, also zwischen 1771 und 1777, errichtet wurde. Bisher war man davon ausgegangen, der Eingriff hätte früher stattgefunden. Die ebenfalls in dieser Zeit errichtete Kapelle ereilte ein besonderes Schicksal. Im Zuge des Verkaufs an einen Bau- und Kunstschlosser wurde der Kapellenraum 1906 in eine Werkstatt verwandelt und eine Betonzwischendecke eingezogen. Von der Theresianischen Normalschule aus ist nur mehr ein kleiner Teil einzusehen.

Die Räumlichkeiten der Theresianischen Normalschule sind heute in desolatem Zustand und nicht mehr zugänglich. Dafür verzaubert die Holzgalerie nach wie vor jeden Besucher.

Adresse Kiebachgasse 10, 6020 Innsbruck-Altstadt | **ÖPNV** Bus A, M, O, J, C, TS, Tram 1, STB, Haltestelle Maria-Theresien-Straße | **Öffnungszeiten** Es ist nur der Innenhof, und dieser nur im Rahmen von Stadtführungen (zum Beispiel Stadtspaziergänge von per pedes), zu besichtigen. | **Tipp** Die »Kreuzung« Kiebachgasse / Seilergasse wird »Vier-Viecher-Eck« genannt. Sie verdankt diesen Namen den vier historischen Gasthöfen mit Tiernamen, die sich unmittelbar hier befinden: Goldener Hirsch, Goldener Löwe, Roter Adler und Weißes Rössl.

21 Die Eisenbahnbrücke

Helle Eleganz über den grünen Inn

Sie ist eine zurückhaltende Schönheit, doch je näher man ihr kommt – sei es von der stark befahren Haller Straße, sei es von den Wohnbauten Lodenareal und der Tiflis-Brücke her –, desto imposanter und mächtiger wirkt die Bahnbrücke über den Inn. Was sich unter einer Patina versteckt, entpuppt sich unter richtigem Lichteinfall als blendend weiß, so weiß, dass einem fast die Augen wehtun. Der herrlich kühle Kramsacher Marmor verbirgt die Zeichen der Zeit nicht und strahlt trotzdem Anmut aus.

Die Mühlauer Eisenbahnbrücke wurde 1857 errichtet und ist eine dreibogige, steingemauerte Konstruktion. Der Inn umspült die zwei wuchtigen Pfeiler mal sanft, mal kräftiger, auf beiden Seiten stehen die Widerlager, das Gesims kragt leicht aus. Laut Bundesdenkmalamt ist diese Eisenbahnbrücke heute die einzige im Originalzustand erhaltene große Brücke dieser Art auf der Bahnstrecke zwischen München und Verona. Sie ist sozusagen Stein gewordene Eisenbahngeschichte, ein imposantes Stück Ingenieurskunst zum Anfassen.

Ihre technische Finesse trägt sie offen zur Schau, und sie unterstreicht die Bedeutung, die diese Bahnverbindung für die gesamte Region, für Österreich hatte. Der sukzessive Ausbau der Verbindung München–Verona brachte wirtschaftlichen Aufschwung: Sie trieb die Industrialisierung voran, erleichterte den internationalen Warenverkehr und brachte Touristen in großer Zahl. Nördlich der Brücke, an der Haller Straße und mit direktem Anschluss an die Bahnlinie, errichtete die Mühlauer Rauchmühle ihr neues Stammhaus, das 1923 in Betrieb ging. 1927 kam ein Getreidesilo dazu. Heute eines der wenigen Zeugnisse früher Industriearchitektur in Innsbruck.

Hat der Zug die Brücke passiert, rattert er auf einem Viadukt bis ins Zentrum von Innsbruck. Hier beginnt oder endet – je nachdem, von welcher Seite man sie angeht – die sogenannte Bogenmeile von Innsbruck.

Adresse Höhe Haller Straße 65 (Rauchmühle), Innsbruck-Mühlau / Saggen | **ÖPNV** Bus 504, Haltestelle Hans-Maier-Straße, Bus O, R, Haltestelle Radetzkystraße | **Tipp** Die weithin sichtbare Madonnenstatue an der Frontseite der traditionsreichen Rauchmühle stammt vom Münchner Künstler Julius Seidler.

22 Die eiserne Jungfrau

Kalter Schauer weckt die Geister

Das städtische Dampfbad in der Salurner Straße ist ein Juwel, bei dem man gar nicht weiß, wo man anfangen soll mit den Ahs und Ohs. Der Großteil des 1926/27 nach Plänen von Friedrich Konzert errichteten Baus ist im Original erhalten. Schon bei der Eröffnung des Bads stand im »Tiroler Anzeiger«: »Es stellt sich ruhig an die Seite der größten und modernsten Bäder Österreichs, ja selbst Deutschlands und der Schweiz.«

Und heute? Allein der Eingang ist ein Rausch für die Sinne: die massive Eingangstür, das Foyer mit augenfälligem roten Marmor und ebenso augenfälliger symmetrischer Ausrichtung (die Stiege links führte früher ins Frauenbad, die Stiege rechts ins Männerbad), die Mosaikfenster, die bei Sonnenlicht herrliche Farbspiele auf Boden und Wände zaubern, der große schwere Messingluster an der Decke unter einer sternförmigen Stuckverzierung.

Im Bad selbst: die wunderbaren Bassins, das Kaltwasserbecken an der Seite, das runde Warmwasserbecken in der Mitte, Wände und Pfeiler mit grünen Fliesen versehen, dekorative Mosaikfriese rundum und mehrteilige Glasmalereifenster im Norden – und über alldem ein sternförmig gegliedertes Glasdach, das den ganzen Raum in ein angenehmes Licht taucht. Keine Frage, im Dampfbad Salurner Straße sind Jugendstil und Neue Sachlichkeit in atemberaubendem Charme vereint.

1987 begann eine Generalsanierung des gesamten Gebäudes, rund drei Jahre später wurde das Bad wiedereröffnet. Damals kam auch eine »Eiserne Jungfrau« in den Frischluftraum. Es handelt sich um eine sehr spezielle Kaltwasserdusche, die geradezu Schnappatmung verursacht: Aus den zahlreichen Düsen wird der gesamte Körper mit kräftigen eiskalten Wasserstrahlen besprüht – ganz in der Tradition jener »geheimnisvoll-heimtückischen Brausevorrichtungen«, die die Besucher bereits 1927 »von oben, unten, von seitwärts oder von allen Seiten zugleich heftig anspritzen«.

Adresse Salurner Straße 6, 6020 Innsbruck-Wilten | **ÖPNV** Tram 3, STB, Bus TS, Haltestelle Triumphpforte oder Hauptbahnhof | **Öffnungszeiten** Mo–Mi und Do–So gemischte Sauna, Mi Damensauna, genaue Öffnungszeiten unter www.ikb.at | **Tipp** In der Wilhelm-Greil-Straße findet sich das Audioversum, ein interaktives Museum, in dem sich alles um das Thema Hören dreht. Im Untergeschoß ist das Freie Theater Innsbruck (neuerdings als »Brux« bezeichnet) untergebracht.

23 Die Eisorgel

Winterliche Wassermusik

Die Sillschlucht ist ein wildromantisches Naherholungsgebiet, in dem man Kraft tanken und die Seele baumeln lassen kann. Erreichbar ist sie über eine neue Brücke, die östlich des Bierstindls über die Autobahn führt, ein Betonungetüm, das noch weniger als die alte erahnen lässt, welch Paradies sich hier am Stadtrand auftut (alternativ führt ein Weg vom Parkplatz am Bergisel oder vom Sonnenburger Hof in die Schlucht).

Sommers lässt sich in der Sillschlucht wunderbar auf den Sandbänken und Kieselstränden fläzen, der eine oder andere Planscher in den kleinen Gumpen wagen. Dass das Wasser im Oberlauf der Sill für die Energiegewinnung genutzt wird, hat natürlich erheblichen Einfluss auf die Wassermengen, zuweilen gleicht der Bach eher einem Rinnsal. Winters stapfen Naturliebhaber gut gerüstet mit adäquatem Schuhwerk, warmen Jacken und Mützen durch eine atemberaubende Schnee- und Eislandschaft, die kühl und unnahbar und anheimelnd zugleich ist. Kein Sonnenstrahl verirrt sich in die Enge, es ist klirrend kalt, und der Atem zeichnet dicke Wölkchen in die Luft. Der Weg ist gut gesichert – auch wenn nicht nur der Abstieg vom Bergisel zu einer abenteuerlichen Rutschpartie werden kann. Einzelne Stellen vereisen häufig, hier ist Vorsicht angesagt.

Vielleicht sind deshalb im Winter weniger Leute in der Sillschlucht unterwegs, vielleicht, weil es ihnen schlicht zu kalt ist. Dabei bietet die Sillschlucht gerade da ein ganz besonderes Naturschauspiel. Nur wenige Gehminuten nach der Stahlbrücke wächst in der kalten Jahreszeit eine Eisorgel, eine Orgel aus langen Eispfeifen, die sich über eine vorspringende Wand bis zum Boden erstrecken und dort in einer spiegelglatten Eisplatte auslaufen. Wenn man gut hinhört, vermeint man, aus dem Tröpfeln des Wassers eine sanfte Melodie zu hören. Und manchmal bringt gar der Wind die Orgelpfeifen zum Klingen. Ein magischer Moment.

Adresse Sillschlucht, 6020 Innsbruck-Wilten / Vill | ÖPNV Tram 1, 6, Haltestelle Bergisel / Tirol Panorama | Tipp Vom Tschurtschenthaler-Rundwanderweg oberhalb der Sillschlucht führt ein Steig zu einem Andachtsort, der trotz permanentem Verkehrslärm und Sicht auf die Autobahn, die Bergisel-Untertunnelung und die Bundesstraße offensichtlich Trost spendet.

24 Die Eremitage

Besinnlichkeit unter Stalaktiten

Nicht nur unter Kennern gilt das »Ein-Mann-Kloster« als eine der »seltsamsten Raumschöpfungen in Tirol«. Die Einsiedelei des gottesfürchtigen Erzherzogs Maximilian III. (1558–1618), genannt der Deutschmeister, im Kapuzinerkloster in Innsbruck verschafft dem Besucher ein Höhlenerlebnis.

Die 120 Quadratmeter große und aus elf Räumen bestehende Eremitage ließ Maximilian nach eigenen Plänen errichten und ausstatten. Im holzvertäfelten Audienzzimmer empfing der Erzherzog seine Gäste, das dahinterliegende Arbeitszimmer befindet sich bereits in der eigentlichen Einsiedelei und ist mit einem kleinen Tisch, einem Rundsessel und einem Faltstuhl ausgestattet. Die Küche ist, wie der Gang und das »Betrachtungszimmer« (Betraum), mit schindelförmigen Schieferplatten ausgekleidet.

Vom Gang geht es weiter ins Wohnzimmer, das wie die folgenden Räume mit Tuffstein ausgestattet ist. Der Ofen wird dem Innsbrucker Hafnermeister Hans Gandtner zugeschrieben. Im Anschluss betritt man den Schlafraum des Erzherzogs, in dem ein einfaches Bett steht und drei Wandnischen auffallen. In der Mitte hängt ein Kreuzigungsbild, links und rechts davon stehen Holzpyramiden. Im kleinen Fenster ist eine Kreuzigungsgruppe zu sehen, datiert mit 1594, also dem Jahr der Kirchen- und Klostergründung. Von der Chorzelle blickte der Erzherzog durch ein Fenster in den Mönchschor und konnte so am Stundengebet teilnehmen.

Die Eremitage war ganz auf die Bedürfnisse von Maximilian III. abgestimmt und wurde ausschließlich von ihm genutzt. Drei Jahre nach ihrer Errichtung starb der Erzherzog, die Einsiedelei blieb als Sehenswürdigkeit erhalten, geriet allerdings in Vergessenheit. Anfang der 1980er Jahre ermöglichte die Messerschmitt-Stiftung eine umfassende Renovierung der Einsiedelei, anlässlich des 400-jährigen Jubiläums 2015 fand eine weitere Sanierung dieser einzigartigen Räumlichkeiten statt.

Adresse Kaiserjägerstraße 6, 6020 Innsbruck-Innenstadt | **ÖPNV** Bus A, R, 504, Haltestelle Polizeidirektion | **Öffnungszeiten** Führungen auf Anfrage, Kontakt provinzarchiv@kapuziner.at | **Tipp** Lois Weinbergers »GARTEN – eine poetische Feldarbeit« auf dem SoWi-Areal besteht aus Metallstäben, die einen rechteckigen geometrischen Körper gestalten, in dem die Natur wuchert. Mittlerweile fungiert sie auch als Radständer und ist somit der wohl kunstvollste Radhalter Innsbrucks.

25 Die Exlvilla

Theaterlegenden, die die Welt eroberten

Die Exl-Bühne ist eine Legende. Von 1902 bis 1956, also mehr als 50 Jahre, prägte sie das Theatergeschehen in ihrer Heimat, begeisterte auf ihren ausgedehnten nationalen und internationalen Tourneen, die das Ensemble unter anderem nach Italien, Belgien und Russland führten.

Ab 1924 trat die Theatergruppe regelmäßig auch in Wien auf (später im eigenen Theater) – und sie ging auf Tournee quer durch Europa: Mailand und Berlin, Triest und Brüssel, Hamburg und Breslau. Allen voran natürlich Ferdinand Exl, der die Bühne 1902 als Laienspieler-Bauerntheater gegründet hat, seine Frau Anna, die Tochter Ilse Exl, Mimi Gsöttner-Auer, Ernst Auer und der furiose Eduard Köck. Die bekannten Tiroler Dramatiker Franz Kranewitter und Karl Schönherr schufen Stücke, die dafür prädestiniert waren, von einer ambitionierten Theatergruppe aufgeführt zu werden. Im Oktober 1956 gab das Ensemble seine letzte Vorstellung.

2009 starb mit Waltraude Innerhofer die letzte Angehörige der Theaterfamilie Exl. Sie verfügte, eine Privatstiftung zu gründen, die sich der Förderung der Kunst, des Theaters und vor allem des Volksschauspiels widmet. Sitz der Stiftung sollte die Villa Exl in der Falkstraße sein, Wohnhaus der Exls und Waltraude Innerhofers. Sie ging in den Besitz der Stiftung über. Diese beauftragte das Architekturbüro Giner & Wucherer mit der Sanierung des denkmalgeschützten, an der bäuerlichen Architektur orientierten Baus mit üppigen Fassadenmalereien. Während im Tiefparterre Räumlichkeiten für die Stiftung geschaffen wurden, entstanden in den oberen Stockwerken Mietwohnungen. Um die Sanierung der Villa zu finanzieren, verkaufte die Stiftung ein längliches Grundstück im hinteren Bereich des Gartens. Dort errichteten die Architekten ein elegantes holzverschaltes Gartenhaus, das von der Straße aus kaum wahrgenommen wird und dennoch einen attraktiven Kontrast zum Haupthaus bildet.

Adresse Falkstraße 19, 6020 Innsbruck-Saggen | **ÖPNV** Bus H, R, TS, Tram 1, Haltestelle Bundesbahndirektion | **Öffnungszeiten** nur von außen zu besichtigen | **Tipp** Von hier aus lässt sich ein Spaziergang durch den Villen-Saggen (Villen in offener Bauweise) westlich der Claudia- und Conradstraße und den Blocksaggen (Blockrandverbauung mit Innenhöfen) links der Claudia- und Conradstraße machen.

26 Der feld-Verein

Lebensmittel für den Mittagstisch

Das Kulturzentrum Die Bäckerei in Dreiheiligen ist Anlaufstelle und Ausgangspunkt verschiedenster Initiativen, ist Kulturbackstube, Denkstube, Aktionsstube. Auch der feld-Verein dockt hier regelmäßig an, veranstaltet Kochworkshops und Infotreffen. Jeden Dienstag lädt er zu frisch gekochter Suppe. Die Bäckerei stellt die entsprechende Infrastruktur zur Verfügung: eine Küche und einen Speiseraum.

Gegründet haben den feld-Verein Claudia Sacher und Luzia Dieringer. Sie wollten ihr Arbeitsumfeld selbst gestalten und ihre Idee, Ungenutztes zu nutzen, in die Tat umsetzen. Viele Lebensmittel werden, da zu klein, zu krumm, zu hässlich, von den Lebensmittelketten nicht mehr genommen. Die Bauern bleiben darauf sitzen, und oft verrottet hochwertiges Obst und Gemüse auf den Feldern, weil es den Normen nicht entspricht. Hier wollten die beiden ansetzen und zeigen, dass es sich nicht um Abfall, sondern um vollwertige Produkte handelt, die zu köstlichen Speisen verarbeitet oder haltbar gemacht werden können. Dieringer und Sacher gründeten den feld-Verein.

Mittlerweile arbeiten die zwei mit einem Dutzend Bauern zusammen, die ihnen das vom Großhandel abgelehnte Obst und Gemüse zur Verfügung stellen, und verarbeiten das Gerettete etwa am Suppen-Dienstag in der Bäckerei. Kommen kann jeder, und jeder gibt so viel fürs Essen, wie er geben kann – oder wie er glaubt, dass das Produkt wert ist, »pay as you wish« heißt es beim feld-Verein. Für die haltbar gemachten Produkte gibt es mittlerweile mehrere Verteilerstellen in der Stadt, und es gibt Suppenlieferungen auf Bestellung.

Viel Energie steckt der Verein in Aufklärung. So bietet er Schulen Exkursionen aufs Feld an oder gibt Kochkurse. Rund 35 Mitglieder zählt der Verein, dazu kommen circa 100 »Unterstützer«. Und am Dienstag in der Bäckerei gibt es immer auch die Gelegenheit, sich über die Aktivitäten des feld-Vereins zu informieren.

Adresse Dreiheiligenstraße 21a, 6020 Innsbruck-Dreiheiligen | **ÖPNV** Bus O, Haltestelle Dreiheiligenstraße | **Öffnungszeiten** Den Mittagstisch gibt es zwar regelmäßig dienstags, doch der feld-Verein macht auch Pausen. Aktuelle Infos stets auf www.feld-verein.at. | **Tipp** Dreiheiligen ist Namensgeber des Plattenlabels Three Saints Records, das der Musiker und Komponist Herbert Pixner in der Dreiheiligenstraße gegründet hat. Infos auf www.threesaintsrecords.jimdo.com.

27 Der Fußgängertunnel

Auf Pflastersteinen unter die Bahn

Wenn Schneewehen die Stufen fast unsichtbar machen, Eisplatten für unsicheres Auftreten und Rutscherlebnisse sorgen und das Geländer – handschuhfrei – sich anfühlt, als würden die Finger gleich kleben bleiben, dann ist es nicht ratsam, diesen Fußgängertunnel zu nutzen. Ansonsten übt er eine eigentümliche Anziehung und Faszination aus. Die Unterführung mit Fußgänger- und Radbereich verbindet – unter den Bahngleisen durch – den Oerleyweg mit der Duilestraße und ist eine Art Mutter der Innsbrucker Unterführungen.

Errichtet wurde sie, als in den 1950er Jahren die Arlbergtrasse zwischen Haupt- und Westbahnhof verlegt wurde und die sogenannte Konzertkurve entstand, benannt nach dem Planer Fritz Konzert, der bereits 1906 erste Pläne vorgelegt hatte.

Die Arlbergtrasse führte damals noch über die Grassmayrkreuzung und südlich der Egger-Lienz-Straße zum Westbahnhof. Für diese Strecke waren drei Bahnübergänge mit Schranken nötig, allein in der Leopoldstraße waren diese täglich sieben Stunden geschlossen. Es kam zu Verkehrsbehinderungen und häufig zu brenzligen Situationen. Zudem gab es keine direkte Anbindung des Westbahnhofs an den Frachtenbahnhof. Mit zunehmendem (Auto-)Verkehr verschärften sich die Probleme. Konzert schlug eine Trassenführung zwischen Stiftskirche und Basilika Wilten vor.

1953 begannen die Arbeiten für das damals größte Bauprojekt in der Stadt Innsbruck. Entsprechend intensiv begleiteten die Medien die Baufortschritte. Die Eröffnung der Konzertkurve fand 1956 statt. Die Strecke war nun dreigleisig: Zwei Gleise führten zum Hauptbahnhof, ein Gleis zum Frachtenbahnhof. Die südliche Leopoldstraße lief über eine Brücke. Im Verlauf der alten Straßenbahnbrücke entstand eine neue Straße; zu Ehren des Planers erhielt sie den Namen Fritz-Konzert-Straße. Die ehemalige Bahntrasse rechts der Karmelitergasse fungierte ab da als Ausfallstraße (Südbahnstraße).

Adresse Höhe Oerleyweg/Duilestraße, 6020 Innsbruck-Wilten | **ÖPNV** Bus T, Tram STB, 1, Haltestelle Fritz-Konzert-Straße | **Tipp** Für die neue Straßen- und Regionalbahn braucht es auch eine entsprechend große Remise – das auffällige Bauwerk steht in Duilestraße.

28 Die Garderobe

Secondhand stylish aufgemöbelt

Die Tür klingt, wie alte Türen klingen sollen, und führt in eine Welt, in der Kleider zweiter Hand und feine Eigenkreationen zum Verkauf stehen. Geführt wird die »Garderobe« in der Höttinger Gasse von den Zwillingen Eva und Margret Wassermann. Die beiden haben das Geschäft übernommen, das davor schon ein Secondhandladen war. Allerdings: Der quoll über vor lauter Klamotten, und so hieß es, erst einmal ausmisten. Und ein neues Konzept musste her: Die Zwillinge wollten Secondhand und Eigendesign, Handgemachtes kombinieren.

Jetzt sind die beiden Schauräume übersichtlich und ansprechend hergerichtet. Kein Wühlen in großen Mengen, sondern alles schön geordnet und adrett drapiert auf alten Tischen, Stühlen, Regalen und Kleiderständern. Eva und Margret sind jederzeit gern behilflich und stehen einem mit kritischem Blick zur Seite. Immer wieder hängen sie Einzelnes neu, stellen augenfällige Kombinationen in die Auslage und schaffen so echte Wohlfühlatmosphäre. Wer hier nach einem schönen Secondhand-Teil sucht oder eine der Eigenkreationen in die Hand nimmt, hat ausgewählte Stücke vor sich.

Denn Margret und Eva achten auf gute Qualität, rein synthetische Materialien kommen ihnen nicht in die Werkstatt. Sie streifen durch Flohmärkte und suchen gezielt nach hochwertigen, zeitlosen Stücken, nach solchen, die sie etwas aufpeppen können. Eine neue Stadt erkunden heißt für sie auch immer, einen neuen Flohmarkt besuchen. Und sie kaufen Stoffe, aus denen sie Kleidungsstücke zaubern. Dazu Schuhe, Taschen, Tücher. Eben alles, was zur Garderobe gehört.

Die neuen Stücke werden gereinigt beziehungsweise gewaschen, auf Fehler und Mängel geprüft, gebügelt und schön präsentiert. Billiglabels kommen den beiden nicht ins Geschäft, das wäre »Kundenverarsche«, betonen sie. Die »Garderobe« macht richtig Lust zu stöbern, anzuprobieren – und wiederzukommen. Es gibt immer wieder Neues zu entdecken.

Adresse Höttinger Gasse 26, 6020 Innsbruck-Sankt Nikolaus | **ÖPNV** Bus J, H, Haltestelle Höttinger Kirchplatz | **Öffnungszeiten** Di–Fr 11–18.30 Uhr, Sa 11–15 Uhr, Mo geschlossen | **Tipp** Der Kostnix-Laden, gleich nach der Kehre in der Höttinger Auffahrt links, ist ein Umsonstladen. Hier kann jeder Gegenstände mitnehmen, die er gebrauchen kann. Und solche vorbeibringen, die er nicht mehr braucht.

29 Das Gasthaus Lewisch

Bastion traditioneller Wirtshauskultur

Wiener Schnitzel, Zwiebelrostbraten, Rindsgulasch, Tiroler Gröstl und Knödel – einzig das Rohnengröstl mag als etwas extravagant herausstechen. Das Lewisch ist ein traditionelles Gasthaus. So war es immer schon, so wird es hoffentlich bleiben. Es ist eine Bastion im Saggen: das letzte echt traditionelle Gasthaus hier, nachdem das Fink 2016 geschlossen hat.

Wie es sich gehört, sitzen hier Arbeiter und Lehrerin, Handwerker, Studentin und Uniprofessor nebeneinander. Leute, die das Bodenständige mögen. Dabei ist Theresa Fessler nicht das, was man sich unter einer bodenständigen Wirtin vorstellt. Sie hat Modedesign studiert, viele Jahre in Wien gelebt, immer wieder in der Gastronomie gejobbt und begeistert gekocht. Dann machte sie eine 180-Grad-Wende: Sie kehrte nach Innsbruck zurück, übernahm im Februar 2016 das Lewisch und krempelte einiges um. Unangetastet blieb die bodenständige Wirtshauskultur, die bis in die Vertäfelung zu lesen ist.

Die Veränderung war nicht einfach, weder für die neue Inhaberin noch für die Stammgäste. Wie das halt so ist bei Traditionsbetrieben. Und dieser blickt auf eine über hundertjährige Geschichte zurück. Eröffnet als Restauration »Zum Saggen«, hieß es später nach dem Wirt »Gasthaus Hiebl« und schließlich, als es ein gewisser Emil Lewisch nach dem Ersten Weltkrieg übernommen hatte, »Lewisch«.

Die Besitzer wechselten immer wieder, der Name blieb. Ebenso die herrlichen Stuben, holzvertäfelt, gemütlich, urig. Der in Lindgrün gehaltene Barbereich mit seinen dunklen Auflagen und Regalen verströmt einen Charme, den viele der »Wohlfühllokale«, die mittlerweile sprießen, vergeblich zu vermitteln suchen. Theresa Fessler dekoriert dezent, kleine Veränderungen kommen trotzdem – und größere. Die Stube hinter der Bar hat sie komplett renoviert, mit viel Gespür dafür, was passt und was nicht. Das Lewisch ist besonders, und das soll es bleiben.

Adresse Bienerstraße 19, 6020 Innsbruck-Saggen | ÖPNV Tram 1, Bus H, R, Haltestelle Bundesbahndirektion | Öffnungszeiten Mo–Fr 11–24 Uhr (warme Küche 11.30–14.30, 17.30–22 Uhr), Sa, So und Feiertage geschlossen | Tipp Die farbenprächtige Häuserfront in Mariahilf ist ein beliebtes Fotomotiv, der Saggen hat Ähnliches zu bieten: die Claudiastraße leuchtet von Orange bis Lindgrün, von Terrakotta bis Lavendel.

30 Das Gasthaus Zur Eiche

Tor in die Vergangenheit

Die Geschichte des Hauses Innstraße 85 reicht ins 16. Jahrhundert zurück, die Besitzverhältnisse sind akribisch dokumentiert, tun hier aber wenig zur Sache. Seiner Nutzung entsprechend von Bedeutung ist, dass bereits 1640 ein Wirt als Eigentümer des Hauses aufschien, 1783 das Gasthaus Zur Eiche veräußert und 1864 zwei ebenerdige Schankräume eingerichtet wurden. Um 1900 baute Robert Nissl das Gasthaus neuerlich um. Er ist insofern interessant, als er von seinem Vater Schloss Büchsenhausen samt Bierbrauerei übernahm und mehrere Gasthäuser in Innsbruck besaß. Er sollte nicht den letzten Umbau tätigen und nicht der letzte Wirt in der Eiche sein.

Was die Zeiten überdauert hat und heute die Blicke auf sich zieht, ist das Rundbogenportal. Da ist die markante dreifache Kehlung (Gewände) der Portalfassung, deren Abschluss zwei schlanke korinthische Säulen bilden, die sich nach oben verjüngen, und die sich kreuzenden Stäbe. Steht man frontal davor, fällt einem auf, dass nur die linke Seite des Gewändes vollständig zu sehen ist. Zu verdanken ist das der perspektivischen Verzerrung: Die mittlere Kehlung verschmälert sich, die innerste verschwindet hinter der mittleren. Fries und Sims sind mit Reliefs geschmückt, in der Mitte ein Wappenschild, seitlich je ein Delphin, dessen Schweif in die Traube ausläuft. Am Gesims Füllhörner und Engelsköpfe und über den Säulen Blumenvasen. Gestaltet hat das um 1550 entstandene Tor wohl Niclas Türing der Jüngere aus der bedeutenden Künstlerfamilie Türing, der das Haus ursprünglich gehörte.

Der Eingang zum heutigen »Gastgarten Zur Eiche« ist weiter links und führt einen zunächst in den großteils überdachten Gastgarten, der wohl einer der lauschigsten Innsbrucks ist – und weiter in zwei kleine Gaststuben. Tatsächlich spielt sich in der Eiche fast alles im Freien ab. Im Garten wird, sobald die Temperaturen es zulassen, regelmäßig gegrillt.

Adresse Innstraße 85, 6020 Innsbruck-Sankt Nikolaus | ÖPNV Bus J, H, W, 501, Haltestelle Schmelzergasse | Öffnungszeiten Di–Sa ab 17 Uhr | Tipp Die 1998 gegründete Tiroler Straßenzeitung »20er« hat ihre Büroräumlichkeiten in der Sankt-Nikolaus-Gasse.

31 Die Geigenbauerin

Den perfekten Klangkörper erzeugen

Die Gebäude liegt in einem Innenhof, und schon das Schild mit einer Geige im Fenster wirkt einladend. Vor der Tür eine Bank, auf der sich zuweilen eine Katze in der Sonne fläzt. Man fühlt sich sofort aus der Zeit gefallen. Passend irgendwie, denn Claudia Unterkofler ist Streichinstrumentebauerin, spezialisiert auf Barockinstrumente.

Als Kind spielte sie Geige, bis sie mit 16 Jahren feststellte, dass Geigerin nicht ihr Berufstraum ist. Und weil sie immer schon gern mit den Händen arbeitete, verband sie einfach die Liebe zur Musik mit dem Instrumentenbau. Von 2000 bis 2004 besuchte sie die Geigenbauschule in Parma und entschied sich für Barockinstrumente. Sie arbeitete mit Geigenbauern in Parma, Padua und Genua zusammen und vertiefte ihre Fachkenntnisse. 2008/09 besuchte sie einen Kurs für Barockinstrumentenbau in Cremona und beschloss, nach Innsbruck zurückzukehren, wo die Alte Musik eine lange Tradition hat. Nach der Meisterprüfung 2009 gründete Unterkofler ihren »Eine-Frau-Betrieb«, unter Kennern gilt sie längst als Spezialistin im Barockinstrumentebau.

Im Hintergrund läuft leise Alte Musik, und wenn Unterkofler vom Material Holz, den Arbeitsschritten und den besonderen Merkmalen von Barockinstrumenten erzählt, greift ihre Faszination auf die Zuhörerin über. Die Arbeit selbst erfordert Ruhe, Konzentration und Ausdauer. Allein für die Bearbeitung einer Geigendecke braucht sie eine Woche. Je mehr ins Detail die Instrumentenbauerin arbeitet, desto vorsichtiger muss sie die Werkzeuge ansetzen, die immer griffbereit über der Werkbank hängen. Rund 160 Stunden benötigt sie, um eine Geige herzustellen, 360 Stunden für eine Viola da Gamba mit Intarsienarbeiten.

Im Schnitt verlassen vier Instrumente jährlich die Werkstatt von Claudia Unterkofler. Vier zur Gänze handgearbeitete Klangkörper – mehr gehen sich nicht aus.

Adresse Grillparzerstraße 6a, 6020 Innsbruck-Dreiheiligen | ÖPNV Bus O, Haltestelle Dreiheiligenstraße | Öffnungszeiten auf Anfrage, Kontakt office@streichinstrumentenbau.at | Tipp Schräg vis-à-vis liegt der endlich* store, ein wunderbar gestaltetes Geschäft, in dem handgemachte Produkte kleiner Labels verkauft werden. Das Sortiment ändert sich immer wieder.

32 Das Gemeinschaftsgrab

Jedem Menschen einen Platz geben

Die Grabstelle ist nur bei genauerer Betrachtung anders als die anderen. »Jedem Leben einen Platz geben«, steht in dezenten Lettern auf dem hellen Stein, den ein Efeu mit starken Ästen umklammert. Darunter: »Bestattungundmehr«. Und unter dem Türchen rechts unten ist zu lesen: »Was dieser Raum enthält, war meine ganze Welt.« Wer das Türchen öffnet, schaut sich selbst an.

Diese Grabstelle am Westfriedhof ist ein Gemeinschaftsgrab, gestiftet von einem Bestattungsunternehmen, das die Anlage pflegt. Hier werden jedes Jahr Urnen von Menschen zeremoniell beigesetzt, die sich eine Gemeinschaftsbestattung in diesem Grab gewünscht haben, die aus persönlichen oder finanziellen Gründen keine eigene Grabstelle wollen. Kinder der Übungsvolkschule Wilten gestalten die Urnen, die Namen der Verstorbenen werden verlesen und ihr Leben gewürdigt, danach kommen die Urnen in das Gemeinschaftsgrab. Jeder kann an dieser Zeremonie teilnehmen, ja, es ist dezidiert erwünscht.

Neben diesem Gemeinschaftsgrab gibt es in Innsbruck noch zwei weitere, die einen ähnlichen Zweck erfüllen: das »Grab der Einsamen« am Ostfriedhof ist ein Erdgrab und besteht seit 1977, das am Westfriedhof gibt es seit dem Jahr 2000 und ist eine Gruft. Die Stadt Innsbruck stellt sie zur Verfügung, der Verein Die Flamme betreut sie in Kooperation mit der Friedhofsverwaltung, wobei der Vereinsobmann lieber vom »Grab der Gemeinsamen« als vom Grab der Einsamen spricht. In diese Gemeinschaftsgräber kommen Urnen aus Nischen und Erdgräbern, die aufgelassen wurden, sowie Menschen, die den Wunsch hatten, hier beerdigt zu werden (nicht zu verwechseln mit dem Sozialgrab, bei dem die Gemeinde die Kosten der Bestattung übernimmt). In der katholischen Kirche ist die Urnenbestattung erst seit 1963 möglich.

1999 wurde das Innsbrucker Krematorium gebaut. Rund 80 Prozent der Bestattungen in Innsbruck sind heute Feuerbestattungen.

Adresse Pastorstraße, 6020 Innsbruck-Wilten | **ÖPNV** Tram STB, Haltestelle Stubaitalbahnhof | **Öffnungszeiten** Die Urnenbeisetzung von Bestattung und mehr findet immer um Allerseelen herum statt (Termin unter www.bestattungundmehr.at). Die Urnenbeisetzung am Grab der Einsamen erfolgt immer am ersten Donnerstag im März (Friedhof West) und am ersten Donnerstag im Oktober (Friedhof Pradl-Ost). | **Tipp** Auf dem Westfriedhof (aber nicht nur) finden sich zahlreiche äußerst kunstvoll gestaltete und von Künstlern gestaltete Grabstätten.

33 Die Geographensäule

Ein Wetterfrosch in Stein gehauen

Der kleine Waltherpark ist an Denkmälern nicht arm. Dominant sind das Franz-Thurner-Denkmal und die namensgebende Walther-von-der-Vogelweide-Statue. Seit 2017 steht hier zudem die Textskulptur »404 Ort« von Thomas Medicus und Martin Fritz, errichtet anlässlich des 20-jährigen Jubiläums des Literaturhauses am Inn.

Ein ganz spezielles Denkmal ist die Geographensäule. Innsbrucker Bürger stifteten sie 1876 anlässlich der Eröffnung des Parks. Sie fristet ein etwas trauriges Dasein am Rande des Spielplatzes und würde weit mehr Beachtung verdienen, nicht nur bei Wetterkundigen. Der Unterbau ist gestuft und aus rotem, der Pfeiler selbst aus weißem Marmor. Auf der Säule befinden sich Messinstrumente zur Wetterbestimmung. Das Thermometer ist jüngeren Datums, Barometer sowie Sonnenuhr sind leider beschädigt. Mehrfach führte der Innsbrucker Verschönerungsverein Restaurierungen durch, die Instrumente ziehen Vandalen offensichtlich magisch an. Trotzdem lohnt es sich, den Obelisken näher zu betrachten.

Hier ist nachzulesen, dass Innsbruck im Jahr durchschnittlich 293 wolkenlose oder teilweise bewölkte Tage hat. Ganz trüb schaut es an 167 Tagen aus, darunter sind 120 Tage mit Regen zu verkraften, mit starkem Wind 71 und mit Gewitter 62. Heute wird Sonnenschein nicht mehr in Tagen, sondern in Stunden gezählt, 2016 waren es 1963. Wer in Innsbruck lebt, weiß den Einfluss des Föhns auf das Wetter zu fürchten. Der böige Fallwind zerrt auch an den Nerven, wie man an Föhntagen im Straßenverkehr leicht erkennen kann. Er kann Spitzen von bis zu 120 Kilometer pro Stunde erreichen, am Patscherkofel gar 200 Kilometer pro Stunde. Davon steht auf der Geographensäule aber nichts, dafür deren genaue Lage, also Längen- und Breitengrad, dazu die Höhe umliegender Berge – vom Brandjoch bis zur Serles.

Wenn's stimmt, ist die Geographensäule im Waltherpark Europas erstes und einziges Wetterdenkmal.

Adresse Waltherpark, 6020 Innsbruck-Sankt Nikolaus | **ÖPNV** Bus W, 501, H, J, Haltestelle Innstraße | **Tipp** Eine kleine Oase in Sankt Nikolaus ist das Café Bistro 'hæp.i.nəst in der Innstraße. Das Speisenangebot ist klein, aber sehr fein, die Atmosphäre heimelig.

34_Die Gletschermühle

Erinnerung an eisige Zeiten

Nördlich des Freigeländes des Reitsportzentrums Igls, auf einer felsigen Anhöhe, hat sich ein besonderes Zeugnis der Eiszeit erhalten, eine sogenannte Gletschermühle. Bis vor rund 20.000 Jahren war das Inntal in Innsbruck bis etwa auf die Höhe der Höttinger Alm mit Eis bedeckt. Die Massen arbeiteten sich über das Mittelgebirge Richtung Alpenvorland vor. 10.000 Jahre später war der Gletscher verschwunden.

Gletschermühlen erinnern an diese Zeit. Während sich das Eis im Gelände bewegt, schleift es die darunterliegenden Steine ab. Trifft es auf Felsen, wälzt sich das Eis darüber hinweg, und an den Kuppen bilden sich Felspalten. In der warmen Jahreszeit schmilzt die oberste Schicht und rinnt durch die Felspalten. Das Wasser trifft auf den massiven Stein darunter und beginnt ihn auszuhöhlen, dabei kreisen die mitgeführten Steine in der sich bildenden Vertiefung, die Wirbel »kolken« den Stein aus. Der Fels wird gleichmäßig »geschmirgelt«, und es entsteht ein rundes ausgeschliffenes Loch, ein Gletschertopf. Wegen der mahlenden Bewegungen heißt das Phänomen Gletschermühle. Da das Eis ständig in Bewegung ist, schließen sich manche Spalten wieder, andere öffnen sich. Es ist daher nicht selten, dass mehrere Gletschermühlen in unmittelbarer Nähe zueinander entstehen. Gletschertöpfe wurden früher auch als Strudellöcher bezeichnet.

In Igls ist nur eines bekannt. Es liegt im Süden des Felskopfs und hat eine zylindrische Form. Seine Tiefe lässt sich mit freiem Auge nicht ausmachen, da der Gletschertopf zum Teil mit Wasser gefüllt ist. Als besonderes Überbleibsel einer längst vergangenen Zeit würdigte ihn bereits Rudolf Granichstaedten-Czerva in seinem »Führer durch Igls und Umgebung« 1925: »Wenn auch der eine sichtbare [Gletschertopf] klein und unscheinbar ist, so verdient er doch als die erste aus unserer Umgebung bekannt gewordene Erscheinung die Aufmerksamkeit der Naturfreunde.«

Adresse Höhe Römerstraße 50, 6080 Innsbruck-Igls | **ÖPNV** Bus J, Haltestelle Igls-Badhaussiedlung, kurzer Fußmarsch bis nördlich des Reitsportzentrums Igls | **Tipp** Die Besichtigung der Gletschermühle im Ullwald lässt sich wunderbar mit einer Wanderung zum Alpengasthof Heiligwasser verbinden.

35 Der Goarmbichl

Rätische Siedlung mit Aussicht

Die Kuppensiedlung Goarmbichl liegt auf einem Hügel nördlich des Bachgangwegs in Vill; die Abzweigung ist dank einer Infotafel nicht zu verpassen. Ein Steg führt über den Ramsbach, ein schmaler Steig auf den Hügel – schon steht man auf historischem Boden mit herrlichem Blick auf die Umgebung. Kein Wunder, dass hier schon früh eine Siedlung entstand.

Die ersten Bauten auf dem Goarmbichl datieren aus der Zeit um 400 bis 150 vor Christus (Latènezeit). Die heutige Lage dürfte in etwa den damaligen landschaftlichen Gegebenheiten entsprechen – außer, dass der einstige Viller See (heute Viller Moor) sich bis zum westlichen Fuß des Hügels erstreckte und bis auf wenige Meter unter die Siedlung reichte. Auf dem Hügel stößt man auf die Fundamente von insgesamt drei Gebäuden. Erste Grabungen fanden 1939 bis 1941 statt, dann blieb die Anlage lange sich selbst überlassen und verwilderte. Auf Initiative des Bundesdenkmalamts und des Innsbrucker Stadtarchivs begann in den 1970er Jahren eine erste Sanierung und Sicherung des Ensembles.

2006 setzte der Innsbrucker Verschönerungsverein die Anlage erneut instand, gestaltete sie als Freilichtmuseum mit Infotafeln. Das erste Haus, in dessen unmittelbarer Nähe die Forscher acht Gräber gefunden haben, besteht aus einer Art Vorraum, einem schmalen Zugangskorridor sowie dem Hauptraum mit Feuerstelle und einem Nebenraum. Der nordöstlich gelegene Bereich ist in einem weitaus schlechteren Zustand. Die Mauern fallen teilweise zusammen, Bäume und Sträucher beschleunigen den Verfall. Ein schmaler Gang und der Hauptraum lassen sich aber noch ausmachen, vom dritten Haus sind nur noch einzelne Mauerteile vorhanden. Bei den Ausgrabungsarbeiten stellten die Archäologen fest, dass die Häuser im 2. Jahrhundert vor Christus wohl einem Brand zum Opfer gefallen sind. Sie fanden zudem ein Bronzerädchen. Es ziert das Stadtteilwappen von Vill.

Adresse Bachgangweg, 6080 Innsbruck-Vill | **ÖPNV** Bus J, Haltestelle Vill-Dorfstraße | **Tipp** Im Anschluss bietet sich eine Wanderung über den beschaulichen Viller Steig durch Igls und über den Girglweg zum Goldbichl an, bronzezeitliche Kultstätte und Brandopferplatz. Ein archäologischer Lehrpfad erzählt die Geschichte.

36 Der Grillhof

Von der Vogelhütte zum Bildungshaus

Die Geschichte des Grillhofs am Paschberg in Vill ist gut dokumentiert und geht ins 15. Jahrhundert zurück. Erbaut von Sigmund Grill, standen hier neben Hofgebäuden landesfürstliche Vogeltennen. Ab 1614 bewirtschaftete über 220 Jahre lang die Familie Kössler zu Vill den Betrieb; 1840 verkaufte die k. k. Staatsgüterveräußerungskommission den Hof, und 1848 erwarb ihn der Innsbrucker Geschäftsmann Johann Tschurtschenthaler. Der letzte Besitzer, Heimatforscher Alfred Tschurtschenthaler, vermachte den Hof seiner Cousine zur lebenslangen Nutzung, danach sollte ein Heim für Jugendliche eingerichtet werden. Die Umsetzung des Testaments zog sich hin, 1948 traten die Erben den Grillhof an den Tiroler Kriegsopferverband ab, dieser übergab ihn dem Tiroler Jugendrotkreuz. Doch auch dieses schaffte es nicht, die nötigen Mittel für den Umbau aufzustellen.

1958 beschloss der Tiroler Landtag, ein Bildungsheim für außerschulische Jugenderziehung und Erwachsenenbildung einzurichten. Die Eröffnung des Grillhofs erfolgte 1961. Seither hat die Anlage mehrere Zu- und Umbauten erfahren, Kunst am Bau spielte dabei immer eine große Rolle. Eines der zentralen Werke ist das Mosaik »Es ist Zeit vom Schlafe aufzustehen«, das der Landecker Künstler Norbert Strolz 1960/61 für die Eingangshalle des Grillhofs schuf. Während die eine Hand des Bruders die Schlafende weckt, deutet die andere auf die Uhr. Die Arbeit symbolisiert das geistige Wachwerden, das Hinhören. Umgesetzt wurde das farbenprächtige Mosaik von der Tiroler Glasmalerei- und Mosaikanstalt in Innsbruck. Bei den letzten großen Baumaßnahmen wurde das 2,5 mal vier Meter große Werk abgenommen. Dafür musste es in mehrere Stücke geteilt und aus der Mauer herausgeschnitten werden. Nun hängt es im Untergeschoß vis-à-vis der Kapelle. Ein weiteres sehr eindrückliches Werk von Strolz, umgesetzt 1973, findet sich im Foyer des Verwaltungshauses.

Adresse Grillhofweg 100, 6080 Innsbruck-Vill | **ÖPNV** Bus J, Haltestelle Vill-Dorfstraße | **Öffnungszeiten** Mo–Fr 8–17 Uhr und auf Anfrage, Kontakt office@grillhof.at | **Tipp** Vom Grillhofweg aus lässt sich eine gemütliche Wanderung zum Lanser See und zum Lanser Moor unternehmen.

37 Die Gürtelwerkstatt

Vom Buchbinder, der auf den Gürtel kam

Bernhard Sanders, gelernter Buchbinder, liebt altes Handwerk und kann sich stundenlang über historische Gerätschaften unterhalten. Seit vielen Jahren führt er die Buchbinderei, »eine Spezialwerkstatt für Sonderarbeiten«, wie er sagt, die er von seinem Vater übernommen hat. Buchbindearbeiten mit Leder gehören seit jeher zum Portfolio des Betriebs. Das brachte ihn darauf, sich das Taschnerhandwerk anzueignen. Material und Verarbeitungsmöglichkeiten reizten ihn schon lange, und es macht ihm Spaß, verschiedene Techniken zu vereinen, aus den Materialien heraus schöpferisch tätig zu sein und neue Dinge zu entwickeln. Die Taschnerei – ein vom Aussterben bedrohter Handwerksberuf – eröffnete ihm tolle Möglichkeiten.

Als sich die Gelegenheit bot, die Bestände einer Gürtelmanufaktur zu übernehmen, schlug er zu und richtete sich eine eigene Gürtlerei ein. Seit Herbst 2016 wechselt er zwischen der Buchbinderei ein paar Straßen weiter und der Gürtelwerkstatt hin und her. Hier finden sich alle Gerätschaften, um Gürtel in den unterschiedlichsten Variationen herzustellen – vom Cowboy- bis zum Trachtengürtel sozusagen.

Die verschiedenen Lederqualitäten lagern in vielen Farben in den Regalen, auf dem großen Werktisch liegen unterschiedlich breite Streifen zur weiteren Bearbeitung bereit. Vom Boden bis zur Decke finden sich darüber hinaus Boxen mit Gürtelschnallen in allen erdenklichen Formen, Farben und Größen. Wer sich bei Sanders einen Gürtel selbst zusammenstellt, hat entweder ganz klare Vorstellungen, wie dieser ausschauen soll, oder genügend Zeit für die Auswahl, denn die ist riesig – die Qual der Wahl ist mit Händen zu greifen.

Wenn Sanders oder jemand aus seinem Team Zeit hat, kann der Besucher die Gürtelwerdung Schritt für Schritt mitverfolgen. Am Ende hat aber jeder ein maßgeschneidertes individuelles und langlebiges Stück, das sich klar von der Massenware abhebt.

Adresse Feldstraße 5, 6020 Innsbruck-Wilten | ÖPNV Tram 1, STB, Bus T, Haltestelle Fritz-Konzert-Straße | Öffnungszeiten nach Vereinbarung, Kontakt office@sanders.at | Tipp Den Besuch der Gürtelwerkstatt Sanders sollte man verbinden mit einem Abstecher in die Buchbinderei Sanders in der Neurauthgasse.

38 Die Hangars

Unter monarchischer Eisenkonstruktion

1924 gingen die Bemühungen, in der Reichenau einen »Fliegerlandungsplatz« zu errichten, in die intensive Phase. Um die Kosten möglichst niedrig zu halten, kaufte die Stadt zwei Hangars aus Graz. Die Gebäude waren im Ersten Weltkrieg von den k. u. k. Luftfahrtruppen in Graz-Thalerhof errichtet worden.

Im Juni 1925 nahm der Flughafen seinen Betrieb auf. Nach dem Zweiten Weltkrieg begann die französische Besatzung, ein Flugfeld in der Ulfiswiese in der Höttinger Au zu errichten. Die beiden Hangars wurden abgebaut und im Norden des neuen Flugfelds erneut errichtet – neben dem Tower und dem Flughafenhotel. Am 15. Jänner 1948 fand die offizielle Eröffnung des Flughafens statt, 1955 übernahm die Tiroler Flughafenbetriebsgesellschaft m.b.H. die Leitung des Flughafens.

Die Hangars dienten nicht der Unterbringung von Linien- und Chartermaschinen, sondern standen Sportfliegern, der Aircraft Innsbruck Luftfahrt-Gesellschaft und der Flugpolizei zur Verfügung. Mit der Neustrukturierung des Flughafens übersiedelten sämtliche Infrastrukturen in den Süden des Geländes. Das Flughafenhotel verschwand ebenso wie der alte Tower; die Hangars aber blieben in Verwendung. Als Tanja Chraust 1995 die Ausstellung »70 Jahre Flughafen Innsbruck« organisierte und ein Buch zum Thema veröffentlichte, wurde das Bundesdenkmalamt auf die Hangars aufmerksam und stellte sie unter Schutz.

Die beiden Bauten zeigen eine hohe tragwerksplanerische und ästhetische Qualität. Sie bestehen aus einer genieteten Eisen-Fachwerksrahmenkonstruktion mit Fachwerkdachbindern, sind im Mittelteil flach und am Rand stärker geneigt. Das Schubtor besteht aus einzelnen Elementen, die auf Rollen herausgezogen werden. Außen sind die Gebäude mit Eternitplatten verkleidet. Sie zeigen sich sowohl tragwerksplanerisch als auch ästhetisch als herausragend. Die filigran anmutende Konstruktion tritt im Innern offen zutage.

Adresse Höhe Kranebitter Allee 97, Fürstenweg 180 (Flughafen), 6020 Innsbruck-Höttinger Au | **ÖPNV** Bus F, Haltestelle Flughafen, Bus O, LK, T, Haltestelle Lohbachsiedlung West | **Öffnungszeiten** Das Flughafengelände ist Sperrgebiet, die Hangars sind nur von der Kranebitter Allee aus zu besichtigen. | **Tipp** Der Flughafen Innsbruck veranstaltet jedes Jahr am 26. Oktober einen Tag der offenen Tür – die beste Gelegenheit, sich die Hangars von vorne anzuschauen.

39 Das höchste Haus

Den Springern keine Chance geben

Es muss sehr schlimm gewesen sein – früher. Alois Hotschnig jedenfalls hat dem Olympischen Dorf und seinen Hochhäusern im 1992 erschienenen Roman »Leonardos Hände« ein trauriges Denkmal gesetzt. Den Rettungsfahrern, zu denen der Protagonist des Romans gehört, ist das O-Dorf verhasst – wegen der Springer. Im O-Dorf in Bereitschaft sein »bedeutete zwischen den Hochhäusern sitzen und warten, bis einer sprang«. Es waren nie O-Dörfler, die dort sprangen, ist im Roman zu lesen, denn die, die dort lebten, fanden das O-Dorf einen schönen Ort.

Die meisten Hochhäuser im O-Dorf sind maximal 14 Geschoße hoch. Das in der Kajetan-Sweth-Straße hat 21 Geschoße und ist mit 66 Metern das höchste Haus Innsbrucks. Die Firma Voest errichtete es 1974/75 als Stahlkonstruktion mit ausgesteiftem Betonkern. Hochhausprojekte waren in Innsbruck schon Anfang der 1930er Jahre, umstritten: So bezeichneten Zeitgenossen das Gebäude der Innsbrucker Kommunalbetriebe in der Salurner Straße und das Adambräu in der Südbahnstraße als »Wolkenkratzer« – aus heutiger Sicht geradezu niedlich. Die wohl am heftigsten diskutierten Hochhäuser in der Innenstadt sind das Hilton Hotel (früher: Holiday Inn) nahe der Triumphpforte und das Landesgericht in der Maximilianstraße.

2001 gab die Stadt Innsbruck eine Hochhaus-Studie in Auftrag. Das Ergebnis: Innsbruck braucht keine Hochhäuser, aber irgendwie doch, am südlichen Stadtrand und in bestimmten Fällen in der Innenstadt. Solche Fälle sind die Pema-Türme, benannt nach der Firma, die sie errichtet. Mit Pema 1 entstand in der Brunecker Straße vor wenigen Jahren das zweithöchste Gebäude Innsbrucks, es ist 46 Meter hoch. Pema 2 (beziehungsweise P2) vis-à-vis der Rhombergpassage überragt seinen Bruder um vier Meter. Und P3, auch bereits geplant, will selbstverständlich ebenfalls hoch hinaus. Das Hochhaus in der Kajetan-Sweth-Straße übertrumpft es aber nicht.

Adresse Kajetan-Sweth-Straße 54, 6020 Innsbruck-O-Dorf | ÖPNV Bus O, T, Haltestelle Kajetan-Sweth-Straße | Tipp Die Sepp-Grünbacher-Promenade ist ein schön gestalteter Freizeitpark direkt am Inn. Das Café im Wohnheim O-Dorf hat sich zu einem beliebten Treffpunkt entwickelt.

40 Der Höttinger Bergbau

Halde über Halde im Walde

Der Wald zwischen Gramartboden und dem Höttinger Bild ist nicht nur lauschig und schön, seine Laubbäume entwickeln gerade im Herbst eine unglaubliche Farbenpracht und verwandeln den Boden in ein kupferfarbenes Meer. Wer ein Auge dafür hat, findet oberhalb und unterhalb des viel begangenen Wanderwegs zahlreiche Hinweise auf den Bergbau, der in Hötting noch früher als in Schwaz begann und für einen Aufschwung in der Region sorgte.

Und wer einmal das Glück hatte, mit dem ehemaligen Landesgeologen Peter Gstrein eine Runde dort zu gehen, wird mit anderem Blick auf die Gegend schauen. Denn viele Mulden und Halden sind eindeutige Bergbaurelikte und verweisen auf verschüttete Grubeneingänge und die charakteristischen Materialablagerungen davor. Ab 1460 ist Bergbau an der Nordkette belegt, wobei sich das Abbaugebiet von der Kranebitter Klamm im Westen bis zum Halltal im Osten erstreckte. Rund ein Jahrhundert später wurde er eingestellt.

Gut sichtbar ist die mehrfingrige Halde, auf der das Höttinger Bild steht. In der Kirche selbst findet sich oberhalb der Apsis die Abbildung eines Knappen, der in die Grube steigt. Im Wald dahinter sind zwei weitere Gruben beziehungsweise Halden auszumachen. Sie alle gehören zum Teilrevier »Perwinckhl«, das sich westlich des Höttinger Grabens und rund um das Höttinger Bild erstreckte. Muren- und Lawinenabgänge haben die Morphologie des Geländes stark verändert, sodass Nachweise über Verlauf und Zahl der Stollen schwierig sind. Ein paar Hinweise aber lassen sich finden. So ist links des Bachbetts am Fuß des ersten Wasserfalls ein Stollen sichtbar, der einige Meter in den Berg geht. Auf der anderen Seite des Bachs, direkt unter der Weinstockquelle III, lag einst der Johannesstollen.

Wer sich auskennt, findet unzählige Hinweise auf den einst blühenden Bergbau in Hötting. Der Wald zwischen Gramartboden und Höttinger Bild erzählt Geschichte.

Adresse Gebiet Höttinger Bild und Gramart, 6020 Innsbruck-Hötting | ÖPNV Bus A, Haltestelle Sadrach, Bus J, Haltestelle Theresienkirche, Bahn HBB, Haltestelle Hungerburg, jeweils längere Wanderung | Tipp Peter Gstrein bietet über die Volkshochschule Innsbruck einmal im Jahr eine geführte Tour ins ehemalige Bergbaugebiet Hötting an. Die Teilnehmerzahl ist begrenzt. Infos unter www.vhs-tirol.at.

41_Die Höttinger Brekzie

Der Stein, auf den die Stadt baute

Einen etwas würdigeren Ort hätte sie sich schon verdient als den Rand des Parkplatzes an der Höhenstraße auf der Hungerburg. Fast scheint sie sich verstecken zu wollen, hinter den Büschen und unter dem überhängenden Baum. Dabei soll das 1986 von der Interessengemeinschaft Hoch-Innsbruck Hungerburg Gramart errichtete Denkmal daran erinnern, dass sie das Fundament der Hungerburgterrasse bildet und lange Innsbrucks beliebtester Baustein war.

Die Höttinger Brekzie ist eine Art verfestigte Schuttmasse aus verkitteten eckigen Gesteins- und Mineralstücken; sie ist ein grober Stein und bewegt sich farblich zwischen Grau- und Rötlichbraun. Ihre Qualitäten lagen also weniger im Aussehen als darin, dass sie leicht zu bearbeiten und trotzdem widerständig gegenüber Witterungseinflüssen war. Zudem war die Brekzie vielseitig verwendbar, lag vor der Haustür und war einfach abzubauen. Ein Allrounder sozusagen.

Gebrochen wurde der Stein auf der Hungerburg bereits im Mittelalter, die Brekzienwand im Norden des Parkplatzes gibt ebenso Zeugnis davon wie der ehemalige Steinbruch unter dem Hungerturm im Norden des Bildungshauses Seehof. Die historischen Aufzeichnungen dagegen sind dürftig, da er weit weniger wertvoll war als Salz oder Erze, fand man den Abbau der Brekzie keiner gesonderten Dokumentation wert. Insgesamt dürfte es zwischen 20 und 30 Steinbrüche gegeben haben, acht allein auf der Hungerburg, einen beim Mühlauer Graben. Anfang des 20. Jahrhunderts war Schluss mit dem Abbau.

Wer durch die Innsbrucker Innenstadt flaniert, begegnet diesem Baustein auf Schritt und Tritt, einmal elegant ausgeführt als Torbogen oder Fensterfassung, einmal eher grob als Verstärkung gegen Erdbeben oder Bodenbelag. Höttinger Brekzie findet sich am Dom zu Sankt Jakob und an der Triumphpforte ebenso wie beim Stadtturm. Kurzum: Die Brekzie ist der Stein, auf den Innsbruck viele Jahrhunderte baute.

Adresse Parkplatz Hungerburg (Höhenstraße/ehemaliger Spar), 6020 Innsbruck-Hungerburg | **ÖPNV** Bus J, Haltestelle Nordkette, Bahn HBB, Haltestelle Hungerburg | **Tipp** Der Höttinger Steinbruch unter der Hungerburg (Hungerburgstraße rechts, nicht zu übersehen) ist heute bei Kletterern sehr beliebt und bietet Routen mit unterschiedlichen Schwierigkeitsgraden.

42 Die Höttinger Gasse

Mit dem Bus durchs Nadelöhr

Am besten ist es, man steigt in der Innenstadt in die Linie H oder J und setzt sich so hin, dass man die Fahrbahn gut im Blick hat. Oder man stellt sich an die Kreuzung nach der Innbrücke und wartet, bis der J oder der H kommt. In beiden Fällen lässt sich Folgendes beobachten: Der Fahrer gibt Gas, wissend, dass die Steigung mit Schwung besser zu bewältigen ist, dann bremst er ab, weil die Zufahrt zur Höttinger Gasse dermaßen schmal ist, dass es gutes Augenmaß braucht. Wenn in diesem Moment ein Fußgänger kommt, dann wird es richtig eng, denn der Gehsteig reicht nicht einmal für eine Person.

Wer diese Gasse nicht häufig benutzt, hat keine Ahnung, wann genau er diese Stelle gefahrenfrei mit Einkaufstaschen, mit Rad oder Kinderwagen passieren kann. Umgekehrt erkennt man eingefleischte Höttinger daran, dass sie es wissen und entweder stehen bleiben oder die Gunst der freien Straße nutzen. Extrem schmale Gassen und der Verkehr sind in ganz Hötting ein Problem, in der Höttinger Gasse aber besonders. Denn neben der Höttinger Auffahrt im Westen ist sie die einzige Zufahrtsstraße zu diesem dicht besiedelten Stadtteil – ebenso wie zur Hungerburg. In beiden Stadtteilen ist die Einwohnerzahl in den letzten Jahrzehnten stark gewachsen. Das Amt für Verkehrsplanung der Stadt geht davon aus, dass an einem Werktag durchschnittlich 5.800 Kraftfahrzeuge die Höttinger Gasse passieren.

Die Bewohner der Höttinger Gasse fordern immer wieder Maßnahmen zur Verkehrsberuhigung, mehr aber noch, dass die brenzlige Situation am Anfang der Gasse entschärft wird, die Auto- und Busfahrer zum Abbremsen, zum Langsamfahren genötigt werden. Seit einigen Jahren prangt ein großes Transparent zwischen den Häusern: »Bitte langsam. Danke. Die Anrainer der Höttinger Gasse.« – Freilich: Wer an der Kreuzung steht und das Fahrverhalten beobachtet, erkennt rasch, dass die wenigsten darauf Rücksicht nehmen.

Adresse Höttinger Gasse, 6020 Innsbruck-Mariahilf/Sankt Nikolaus | ÖPNV Bus J, H, Haltestelle Marktplatz | Tipp Ein Innenhof, der einen gefühlsmäßig mindestens nach Verona katapultiert, ist in der Innstraße 23 gleich neben dem Shop des Seifenherstellers Walde (inklusive Blick auf historische Gerätschaften) zu finden.

43 Der Hutmacher Held

Gut behütet durchs Jahr

Der »Held« am Franziskaner Platz lässt bei Liebhabern historischer Läden das Herz höherschlagen. Hier findet sich kein Pseudo-Shabby-Look, wie er heute gern präsentiert wird, hier finden sich Qualitätsmöbel, jahrzehntealt, formschön, wuchtig, stabil und zeitlos in ihrer Besonderheit.

Hinter der wunderbar altmodischen Verkaufstheke reiht sich in den Regalen Hut an Hut – klassische Modelle ebenso wie moderne. Über dem breiten Stiegenabgang zu einem weiteren Raum hängt das Schild »Modesalon« und verweist darauf, dass der Betrieb ursprünglich ein Hut- und Modegeschäft war. Heute gibt es neben Kopfbedeckungen aller Art auch Fischereibedarf. Die Stiege hinauf führt zu weiteren Einbaukästen mit Schubladen, Vitrinen und Verkaufstheken. Man könnte sich in Details verlieren.

Das Hutgeschäft Held ist tatsächlich ein Kleinod. Seit 1898 in Familienbesitz, übernahm Albert Held 1971 das Unternehmen, lernte den Beruf des Hutmachers und begann, Hüte zu produzieren. Bereits Ende der 1970er Jahre war er einer der letzten Hutmacher Tirols – heute sind er und sein Sohn die einzigen. Die Werkstatt findet sich in der Gasse gleich hinter dem Geschäft. Ein kleiner schummriger Ort, voll mit Materialien und alten Maschinen, im Keller das Allerheiligste: alte Hutformen aus Holz, ein wertvoller Bestand. Mittlerweile stellt der Hutmacher aber ausschließlich Trachtenhüte für Musikkapellen her – da geht einem in Tirol die Arbeit nicht aus. Sohn Lorenz studierte Wirtschaftswissenschaften und stieg im Jahr 2000 in das Unternehmen ein, seit 2012 ist er Geschäftsführer.

Nur eine Handvoll solcher geschichtsträchtiger Spezialgeschäfte gibt es im Zentrum von Innsbruck noch. Wie überall drängen große Ketten in die Innenstadt, und der Blick in die Auslagen gibt keinen Hinweis mehr darauf, ob man sich in Innsbruck, Bozen oder Salzburg befindet. Der Hutmacher Held aber ist ein Unikat.

Adresse Burggraben 25–27 (Franziskanerplatz), 6020 Innsbruck-Altstadt | ÖPNV Bus A, M, O, J, C, TS, Tram 1, STB, Haltestelle Museumstraße | Öffnungszeiten Mo–Fr 9–18 Uhr, Sa 9–13 Uhr | Tipp Der daneben situierte Eissalon Eisgrotte kann ebenfalls auf eine lange Tradition an diesem Standort verweisen. Einige der Eiskreationen werden in besonders formschönen Pokalen serviert.

44 Die Ilse-Brüll-Gedenktafel

Brief an eine Unbekannte

Als sich die Schüler der Neuen Mittelschule in Wilten am Projekt »Sternenkinder« beteiligten, ging es darum, sich mit dem Holocaust auseinanderzusetzen – nicht in abstrakten Zahlen, sondern anhand von konkreten Schicksalen. Im Rahmen des Projekts erforschten die Schüler Lebensgeschichten von jüdischen Mitbürgern, begaben sich auf deren Spuren und machten sie dadurch wieder sichtbar. Eines der Mädchen, dessen Lebensgeschichte nacherzählt werden sollte, war Ilse Brüll (1925–1942), die in Wilten die Schule besucht hatte.

Sie war die Tochter von Julie und Rudolf Brüll, Inhaber eines Möbelgeschäfts in Innsbruck und wohnhaft in der Anichstraße 7. In der Pogromnacht vom 9. auf den 10. November 1938 wurden Ilses Eltern schwer misshandelt, die Familie später nach Wien zwangsumgesiedelt. Die Eltern schickten ihre Tochter 1939 in die Niederlande, um sie vor dem Zugriff der Nazis zu schützen. Im Sankt-Jakobus-Heim in Eindhoven sollte sie in Sicherheit sein.

Doch 1940 fielen die Nazis in den Niederlanden ein. Ilse wurde verhaftet, in ein Sammellager gebracht und schließlich 1942 im Konzentrationslager Auschwitz-Birkenau ermordet. In ihrem letzten Brief schrieb das Mädchen: »Bitte geben sie meinen Eltern und Verwandten Nachricht über meinen Brief und daß sie sich keine Sorgen machen.« Ilse Brüll wurde nur 17 Jahre alt.

Die Eltern kamen ins Konzentrationslager Theresienstadt, überlebten das grausame Regime und kehrten nach Innsbruck zurück. Ilses Vater war bis zu seinem Tod 1957 Präsident der wiedergegründeten Israelitischen Kultusgemeinde.

Seit März 2004 erinnert eine bronzene Gedenktafel am Eingang des Gebäudes in der Michael-Gaismair-Straße an Ilse Brüll. Die Seitengasse zwischen Michael-Gaismair- und Heiliggeiststraße, in der sich der Eingang zur Neuen Mittelschule befindet, trägt den Namen der von den Nazis ermordeten Schülerin.

Adresse Michael-Gaismair-Straße 6, 6020 Innsbruck-Wilten | **ÖPNV** Bus F, R, H, M, 501, 502, 503, 505, 590, Haltestelle Heiliggeiststraße | **Tipp** Das »charly's«, mit ganzem Namen »at charly's friends«, im ehemaligen Gärkeller des Adambräu in der Adamgasse gilt vielen als das schönste Billardlokal Innsbrucks. Sie dürften recht haben.

45 Die Innsbrucker Küchenschelle

Nicht dünnhäutig und doch bedroht

Einst wuchs sie im Großraum Innsbruck, von Zirl bis Gnadenwald, heute blüht sie nur noch in bescheidener Zahl an drei Orten: auf einer Hangterrasse in Arzl, am Rumer Bichl und in der Nähe des Romediuskirchleins in Thaur – die Innsbrucker Küchenschelle (*Pulsatilla oenipontana*).

Sie stammt aus der Familie der Hahnenfußgewächse und ist vermutlich ein Hybrid aus der Gewöhnlichen Küchenschelle und der Großen Kuhschelle; der Grenzraum der beiden ist das Inntal. Wobei »Küchen« hier nichts mit Küche zu tun hat, sondern von »Kühchen« als Verkleinerungsform für Kuhglocke kommt. Die glockenförmige Blüte strahlt von zartem Lila bis sattem Violett, charakteristisch sind die zottig feinen Härchen auf dem Stängel und der seidig glänzende Schopf nach der Blüte. Eine kleine – giftige – Schönheit und die einzige Blume, die den Namen Innsbruck trägt.

Eigentlich ist die Innsbrucker Küchenschelle ein äußerst widerstandsfähiges Pflänzchen. Doch extensive Bewirtschaftung der Felder und Düngung rücken ihm zu Leibe. Dazu kommt, dass die Innsbrucker Küchenschelle nur gedeihen kann, wo das Grün gepflegt wird. Auf Brachland wächst rasch hohes Gras, wuchern Büsche, Sträucher und Bäume. Das hat dazu geführt, dass die Innsbrucker Küchenschelle vom Aussterben bedroht ist. Obwohl sie seit 1939 unter Naturschutz steht, sind die Bestände stark zurückgegangen. 1981 entstand ein 3.490 Quadratmeter großes Naturschutzgebiet in Arzl. Seit Anfang der 1990er Jahre steht die Innsbrucker Küchenschelle unter intensiver Beobachtung. Verschiedene Erhaltungsmaßnahmen wurden und werden ausprobiert. Trotzdem, so befürchtet der Wissenschaftler Romed Unterasinger, ist ihr Verschwinden nicht aufzuhalten. Rund 45 Innsbrucker Küchenschellen gibt es noch, 18 davon in Arzl. Es steht nicht gut um die Innsbrucker Küchenschelle.

Adresse Naturschutzgebiet Höhe Helfentalweg, 6020 Innsbruck-Arzl | ÖPNV Bus A, 501, 503, Haltestelle Kalkofenweg oder Schrottstraße/Novapark | Öffnungszeiten Die Innsbrucker Küchenschelle ist vom Aussterben bedroht: Nicht zertreten! Nicht pflücken! | Tipp Den Zimmeterweg hinunter, in der Wolfsgrube, befindet sich das Haus Proxauf, 1931 vom Innsbrucker Architekten Lois Welzenbacher errichtet.

46 Die Inschriften

Mysteriöse Zeichen in der Totenkapelle

Die Totenkapelle links der bereits im 13. Jahrhundert erwähnten und im 18. Jahrhundert barockisierten Kirche in Igls ist klein und zeichnet sich durch ein schlichtes Kreuzgewölbe aus. Das Kreuzigungsfresko, das in den Kriegsjahren freigelegt wurde, ließ vermuten, dass sich an Wänden und im Gewölbe weitere Fresken befinden. Tatsächlich kamen unter anderem Fragmente zum Vorschein, darunter eine gekrönte Heilige, ein Krieger mit Erzherzogshut und Palme sowie einfache Ziermalereien.

Im westlichen Bereich der Kapelle stießen die Restauratoren auf Rätselhaftes: Große Teile waren hier mit Schriftzeichen versehen, wobei einzelne Elemente durch Linien abgegrenzt waren. Zudem ließen sich kleine Kreuze ausmachen. Im Zuge der Barockisierung der Kirche war offensichtlich ein Teil der Schriftzeichen zerstört worden.

Die dunklen, bedrohlich wirkenden Schriftzeichen ließen Spekulationen und Vermutungen blühen. Forschungen haben allerdings ergeben, dass es sich bei den zwischen acht und zwölf Zentimeter großen Buchstaben um eine deutsche Geheimschrift handelt, wie sie seit dem Altertum bis weit ins Mittelalter verwendet wurden. Die damalige Landeskonservatorin Johanna Gritsch startete 1972 einen »Entzifferungsversuch« und stellte fest, dass es sich um Anrufungen Gottes sowie fromme Sinnsprüche handelt, die von einem gewissen Hans Posch an die Wand gemalt worden waren.

Das Geheimnis der Geheimschrift: Wörter sind willkürlich auseinandergerissen, einzelne Buchstaben seitenverkehrt geschrieben, einige Buchstaben fehlen. Die Teile müssen wieder richtig zusammengesetzt werden. Durch die Beschädigungen sind allerdings nur noch Fragmente zu lesen. So viel aber wurde klar: Die Befürchtungen, es könnte sich um bösen Zauber, gar Teufelswerk handeln, waren unbegründet. Hans Posch erwies sich als gläubiger Mensch – wahrscheinlich nicht besonders gebildet, aber talentiert, wie Gritsch vermutete.

Adresse Widumweg 4, 6080 Innsbruck-Igls | ÖPNV Bus J, Haltestelle Ortsmitte | Öffnungszeiten Besichtigung auf Anfrage, Kontakt magnus.roth@chello.at | Tipp Der Photoverlag Defner in der Eichlerstraße besteht seit 1919 und wird heute in dritter Generation vom Fotografen und Bioimker Thomas Defner und seiner Frau Gerlinde geleitet.

47 Das Interkulturelle Fest

Der olympische Gedanke lebt

Kein Stadtteil Innsbrucks wird – von außen – in seinen Qualitäten so unterschätzt wie das Olympische Dorf, entstanden im Zuge der Olympischen Spiele 1964 und 1976. Es gibt mehr Grünraum als in vielen anderen Stadtteilen, mit der Sepp-Grünbacher-Promenade am Inn eine Freizeitfläche, die ihresgleichen sucht. Der Baggersee ist ein Naherholungsgebiet ersten Rangs und das große Hallenbad ein Spaß für die ganze Familie. Im O-Dorf wohnen Menschen aus über 55 Nationen, und das Vereinsleben kann sich sehen lassen.

Vor sieben Jahren gründeten Hazim Karahasanovic und seine Frau vom Verein Alp-Inn das Interkulturelle Tanz- und Musikfest. Ein Fest für alle schien ihnen die beste Möglichkeit, Interkulturalität tatsächlich zu leben und im gegenseitigen Respekt miteinander zu feiern. Mittlerweile ist die Veranstaltung vom Mehrzwecksaal auf den großen DDr.-Alois-Lugger-Platz übersiedelt. Und es hat alle Ingredienzien eines Stadtteilfests.

Schützenkompanie und Musikkapelle sind ebenso dabei wie das Jugendzentrum oder der Kindergarten. Feuerwehr, Rettung, Polizei und andere Organisationen informieren über ihre Aktivitäten, es treten Gruppen unterschiedlicher Kulturen auf, eine Kulinarikstraße versorgt die Gäste mit Köstlichkeiten aus aller Welt, und für die Kleinen gibt es eine Schminkstation und eine Kletterwand.

Von Anfang an wurde Alp-Inn tatkräftig vom Verband Neuarzl Olympisches Dorf unterstützt. Er ist Anlaufstelle für alle Vereine, Ort der Vernetzung und des Austauschs, besteht seit Anfang der 1980er Jahre. Der VNO gibt eine eigene Zeitung heraus, veranstaltet mehrere Events, organisiert regelmäßige Treffen und unterstützt die Vereine bei ihren Aktivitäten.

Was andere Stadtteile sich derzeit mühevoll erarbeiten, gibt es im O-Dorf längst – eine gelebte Stadtteilkultur. Das jährlich stattfindende Interkulturelle Tanz- und Musikfest trägt diese nach außen.

Adresse Dr.-Alois-Lugger-Platz, 6020 Innsbruck-O-Dorf | **ÖPNV** Bus O, Haltestelle Kajetan-Sweth-Straße oder Josef-Kerschbaumer-Straße | **Öffnungszeiten** Das Fest findet jährlich im September statt. Infos unter www.alp-inn.net | **Tipp** Der bekannte ORF-Journalist Armin Wolf ist im Haus An-der-Lan-Straße 24 aufgewachsen, der Sänger und Entertainer Jonny Hill wohnte einige Zeit im Haus An-der-Lan-Straße 33.

48 Das Johann-von-Sieberer-Haus

Ein Haus für verlassene Kinder

Johann Freiherr von Sieberer (1830–1914), geboren in Going/Sankt Johann, darf wohl als einer der größten Wohltäter Innsbrucks bezeichnet werden. Der Bursche hatte keine guten Startbedingungen: Unehelich geboren, bald Waisenkind, verdankte er es dem Erzbischof von Salzburg, dass er das Gymnasium besuchen konnte. Nach dem Abschluss machte Sieberer Karriere bei der Versicherungsgesellschaft Österreichischer Phönix und wurde schließlich deren Generalinspektor. Seine Herkunft vergaß er nie. Zu beträchtlichem Vermögen gekommen, unverheiratet und kinderlos, finanzierte Sieberer die Errichtung des »Sieberer'schen Waisenhauses« im Saggen, das nach rund dreijähriger Bauzeit 1889 eröffnet wurde.

Das beinahe 90 Meter lange imposante Gebäude, an dem in großen Lettern »Den verlassenen Kindern der Landeshauptstadt Innsbruck als Asyl gewidmet von einem Menschenfreund« steht, bot Platz für 200 Kinder und war ursprünglich in zwei Bereiche geteilt, eine Knaben- und eine Mädchenabteilung. Prägnant im Zentrum stand die Kapelle, die heute von serbisch-orthodoxen Gläubigen genutzt wird. Sieberer wohnte im Waisenhaus und hatte von seinen Räumlichkeiten aus einen eigenen Zugang zur Kapelle. Direkt darunter ließ Sieberer sich eine Gruft einrichten, ein großer Marmorsarkophag mit der Liegefigur Hans von Sieberers sollte seine letzte Ruhestatt werden. Vor einigen Jahren gab es Pläne, die Gruft über einen eigenen Zugang öffentlich zugänglich zu machen, sie wurden jedoch fallen gelassen.

Finanziert wurde das Waisenhaus über einen Fonds, der sich zum Großteil aus dem Vermögen Sieberers speiste. Ab 1926 war hier eine Schule untergebracht, in der NS-Zeit diente es als Lazarett. Seit den 1950er Jahren wird es als Schule genutzt – diese heißt heute Volksschule Saggen. Nach ähnlichen Plänen wie das Waisenhaus ließ Sieberer das »Greisenasyl« (heute Wohnheim) im Saggen errichten.

Adresse Siebererstraße 7, 6020 Innsbruck-Saggen | **ÖPNV** Tram 1, Haltestelle Bundesbahndirektion, Bus R, A, 504, Haltestelle Kochstraße | **Öffnungszeiten** nur von außen zu besichtigen | **Tipp** Der Eisenbahnersportverein (ESV) Innsbruck, Sektion Modellbau, hat seine Räumlichkeiten im Keller der Bundesbahndirektion in der Claudiastraße. Die Modellbahnanlage ist jedes Jahr am 24. und am 25. Dezember zu besichtigen (weitere Termine unter www.modellbahn-ibk.at).

49 Das Jugendzentrum z6

Ein Ort mit Strahlkraft

Das Jugendzentrum z6 in der Dreiheiligenstraße ist nach der MK, dem Jugendzentrum am Jesuitenkolleg, das am längsten bestehende Innsbrucks. Bis Ende der 1960er Jahre standen Lehrlinge und Schulabgänger in der Übergangsphase zum Arbeitsleben nicht im Fokus der – damals noch – von kirchlichen Institutionen geleisteten Jugendarbeit.

Das änderte sich, als der Pfarrer Meinrad Schumacher, Jussuf Windischer (heute Leiter des Waldhüttls in Mentlberg) und dessen spätere Frau sich dieser jungen Leute annahmen. 1971 erhielten sie über Bischof Paulus Rusch einen eigenen Raum in der Zollerstraße 6 – Namensgeber des z6. Bald gab es Schwierigkeiten, da neben kirchennahen Kreisen auch jugendliche Randgruppen und linke Aktivisten Aufnahme fanden. 1974 gründete sich ein eigener Verein und übersiedelte in die Andreas-Hofer-Straße. Aus dem Jugendzentrum gingen zahlreiche Initiativen hervor, die heute noch wichtige Bereiche in der Gesellschaft abdecken, so etwa der 1975 ins Leben gerufene Durchgangsort für Wohnungs- und Arbeitssuchende DOWAS. Zehn Jahre später bezog das z6 das ehemalige Forum-Kino in der Dreiheiligenstraße.

Neben der Jugendarbeit erhielt das z6 über seine umfangreichen kulturellen Aktivitäten eine große Bedeutung als Kulturzentrum in der Stadt. Rasch etablierte sich eine DJ-Kultur, das z6 mutierte zu einem Zentrum der Cosmic-Welle, einer eigenen Musikrichtung, die in den 1980er Jahren die Clubs füllte, die Innsbrucker Breakdance-Bewegung ging vom z6 aus. Bis in die späten 1990er war die linke Subkultur im z6 beheimatet, Jugendliche im Umfeld des z6 gründeten die Workstation, Vereine wie Vakuum veranstalteten hier.

Der rote Faden – die Beschäftigung mit marginalisierten Jugendlichen – zieht sich bis heute durch, dabei spiegelt das z6 stets die gesellschaftlichen Veränderungen wider. Mittlerweile ist es primär Anlaufstelle für Jugendliche mit migrantischem Hintergrund.

Adresse Dreiheiligenstraße 9, 6020 Innsbruck-Dreiheiligen | ÖPNV Linie O, Haltestelle Dreiheiligenstraße, Tram 1, Haltestelle Ing.-Etzel-Straße | Öffnungszeiten nur von außen zu besichtigen | Tipp Die gegenüberliegende Dreiheiligenkirche mit ihrem prägnanten Fassadenmosaik wurde 1612/13 errichtet und ist den Pestheiligen Sebastian, Pirmin und Rochus gewidmet.

50 Die Katharina-Stube

Ein warmes Mittagessen täglich

Manche Orte lernen viele Menschen niemals kennen. Dabei haben diese eine wichtige Funktion in der Gesellschaft, oft eine lebenswichtige – für andere Menschen. Die Katharina-Stube ist so ein Ort. Benannt ist sie nach Katharina Labouré, Mitglied der Kongregation der Barmherzigen Schwestern vom hl. Vinzenz von Paul, die 1947 von Papst Pius XII. heiliggesprochen wurde. Täglich öffnet diese Stube ihre Türen für die Armen in Innsbruck, für Obdachlose und Bedürftige. Von Montag bis Freitag erhalten sie hier ein warmes Mittagessen.

Die Pflege von Kranken und die Sorge für die Armen gehört zu den Grundfesten der Kongregation der Barmherzigen Schwestern. Als der Orden 1862 ins Mutterhaus an der Kettenbrücke im Saggen übersiedelte, richtete er Räumlichkeiten für Bedürftige ein, die über eine eigene Pforte im Nordwesten des Gebäudes zu erreichen sind. Bis 2016 haben die Barmherzigen Schwestern die Katharina-Stube selbst betrieben, mittlerweile übernimmt die Caritas diese Aufgabe. Der Orden stellt die Räumlichkeiten unentgeltlich zur Verfügung und kommt für die Kosten der Mahlzeiten auf, die Caritas organisiert die Öffnungszeiten, betreut die Einrichtung und ist für die Essensausgabe zuständig.

Neben der Möglichkeit zu duschen bekommen die Besucher eine warme Mahlzeit mit Suppe, Hauptspeise und Nachtisch. Gemeinsam essen, sich austauschen, sich wärmen oder einfach etwas Zeit in Ruhe und in friedlicher Atmosphäre zu verbringen – für viele ist der Besuch der Katharina-Stube ein Fixpunkt im Tagesablauf, hier sind alle eine Art Familie. Manche wollen auch einfach in Ruhe gelassen werden.

Täglich kommen durchschnittlich 70 bis 75 Leute, darunter viele »Stammgäste« – vom Mindestpensionisten bis zur Bettlerin. Die Katharina-Stube ist nicht der einzige Ort, der Personen in Not offensteht: In der Wolfgangstube im Kapuzinerkloster gibt es zum Beispiel ein Frühstück.

Adresse Rennweg 40, 6020 Innsbruck-Saggen | **ÖPNV** Bus T, Tram 1, Haltestelle Mühlauer Brücke | **Öffnungszeiten** Die Katharina-Stube ist ausschließlich im Rahmen von »Rundgang der Not« (Gruppenführungen) zu besichtigen. Kontakt: youngcaritas@dibk.at | **Tipp** Bis 2010 beherbergte die Rotunde am Rennweg das Riesenrundgemälde »Schlacht am Bergisel« von Michael Zeno Diemer. Dieses wurde in das neu errichtete Tirol Panorama am Bergisel transferiert. Seither steht der denkmalgeschützte Rundbau leer.

51 Die Katzenbründlquelle

Die erste städtische Trinkwasserleitung

Die Nordkette mit ihren zahlreichen Quellen ist der große Wasserlieferant Innsbrucks. In ihren Anfängen hatte die Stadt Innsbruck keine eigenen Quellen, die Bevölkerung schöpfte das Wasser aus Ziehbrunnen. Da diese häufig mit Fäkalien verunreinigt waren, was die Seuchengefahr erhöhte, beschloss die Stadtregierung, Quellen in der Gemeinde Hötting zu erwerben, um die Stadt mit sauberem Wasser zu versorgen.

Die erste Trinkwasserleitung in die Stadt datiert aus dem Jahr 1485. Der Ursprung der ersten Leitung lag im »Kesselprunn«, heute als Katzenbründl bezeichnet. Es liegt wenige Schritte unter der Gramartstraße. Die Abzweigung etwa auf Höhe der Hausnummer 94 ist nicht zu übersehen. Ein Schild weist hier Richtung Ölberg.

Die ehemalige Bedeutung dieser Quelle lässt sich nicht einmal mehr erahnen. Anstelle einer sprudelnden Quelle ist ein lädiertes Rohr zu sehen, aus dem etwas Wasser rinnt, drum herum lauter Gestrüpp. Im 1993 erschienenen Standardwerk »Die Geschichte der Trinkwasserversorgung der Landeshauptstadt Innsbruck« von Franz-Heinz Hye ist noch eine Fotografie abgedruckt, die einen runden Holztrog zeigt. Daneben befinden sich – von Moos teilweise überwachsen, aber gut sichtbar – Reste von hölzernen Wasserleitungsrohren am Waldboden.

Die Katzenbründlquelle dürfte über mehrere Jahrzehnte die einzige Quelle gewesen sein, die vom Höttinger Berg nach Innsbruck geleitet wurde. Später kamen andere Quellen dazu. So wurde ab der zweiten Hälfte des 16. Jahrhunderts etwa die Lehmtalquelle (Laimtalquelle) in die Leitung eingespeist und mittels gebohrter Holzrohrleitungen (»Brunnengeleit«) in die Stadt befördert. Der Bedarf der Innsbrucker Bevölkerung an sauberem Wasser wuchs kontinuierlich. Ab dem 16. Jahrhundert gab es auch eine Wasserleitung aus Mühlau. Die erste Brücke von dort nach Innsbruck diente dazu, das kostbare Gut sicher über den Inn zu bringen.

Adresse Höhe Gramart Nr. 94, 6020 Innsbruck-Hungerburg | **ÖPNV** Bus J, Haltestelle Theresienkirche, Bahn HBB, Haltestelle Hungerburg (Fußwanderung Richtung Gramart, Steig Richtung Ölberg) | **Tipp** An der Frontseite der Brunnenstube am Gramartboden sind Teile von hölzernen Wasserrohren angebracht, durch die das Trinkwasser ins Tal befördert wurde. Solche Holzrohre waren bis Ende des 19. Jahrhunderts im Einsatz.

52 Das kleinste Haus

Was andere haben, haben wir auch

Das mit den kleinsten Häusern ist so eine Sache. Salzburg besitzt eines, das ist 1,42 Meter breit, steht neben dem legendären Kaffeehaus Tomaselli und hat eine eigene »halbe« Hausnummer, nämlich 10a. Es entstand, als man ein Gässchen verbaute. Wiens kleinstes Haus befindet sich in der Burggasse 3, ist allerdings schon um einiges stattlicher.

Es dürfte ebenso ein Lückenfüller sein wie das kleinste Haus in Wernigerode in Deutschland. Letzteres ist gerade einmal 2,95 Meter breit und kann für sich verbuchen, bis 1976 als Wohnhaus genutzt worden zu sein. In München, in der Neuhauser Straße, steht auch so ein Winzling, nur wenige Meter breit, aber fünf Stockwerke hoch. Und wie die anderen wirbt München gern für sein Hexenhäuschen.

Das dürfte Innsbruck auf die Idee gebracht haben. Gemunkelt wird, der Tourismusverband habe sich das gewünscht. Und schwupp war es gefunden, mitten in Innsbrucks Prachtstraße, zwischen der Spitalskirche und dem Haus Maria-Theresien-Straße 4. Seine Geschichte geht ins 16. Jahrhundert zurück. Im Zweiten Weltkrieg durch Bomben stark beschädigt, wurde es in den 1950er Jahren abgebrochen und neu errichtet. Die denkmalgeschützte Spitalskirche, nach Entwürfen von Johann Martin Gumpp dem Älteren um 1700 erbaut, zeichnet sich durch kräftige Stuckaturen, Pilaster und Gebälk aus. Besonders auffällig ist zudem die rosa Fassadenfarbe, die in auffälligem Kontrast zu den barocken Portalen mit ionischen Säulen und gesprengten Giebeln steht.

Dazwischen also das »kleinste Haus Innsbrucks«, wie auf einer Tafel zu lesen ist. Im Parterre befindet sich ein kleines Lokal, der erste Stock gehört zum Geschäft daneben. An seiner Stelle befand sich einst der Durchgang zum Friedhof. Dieser wurde Ende des 19. Jahrhunderts aufgelassen. Das Gässchen war hinfällig, die Lücke wurde geschlossen – und Innsbruck hatte sein kleinstes Haus.

Adresse Maria-Theresien-Straße 4, 6020 Innsbruck-Innenstadt | ÖPNV Bus A, M, O, J, C, STB, TS, Tram 1, Haltestelle Maria-Theresien-Straße | Tipp Den Mosaikpfeiler neben dem Durchgang in der Maria-Theresien-Straße 12–14 (Breinössl) gestaltete Max Weiler 1956.

53 Die Konsum-genossenschaft

Lagerhaus mit vielen Kapazitäten

Es sind die Details, die einem beim Wirtschaftspark Veldidena an der Ecke Duilestraße / Feldstraße darauf aufmerksam machen, welche Geschichte diese Anlage hat. Am auffälligsten ist das Fresko über den Einfahrtstoren, bestehend aus einer Mutter mit Kind, einem Bauern und einem Arbeiter. Signiert ist die Arbeit mit »Nepo 1942«. Ernst Nepo war einer der bedeutendsten Künstler Tirols der Zwischenkriegszeit und im Zweiten Weltkrieg mehrere Jahre Landesleiter der Reichskammer der bildenden Künste des Gaus Tirol-Vorarlberg. Doch das eigentlich Interessante ist der Begriff, der daruntersteht: Konsum.

Das Gebäude ist eng mit der Geschichte der Konsumgenossenschaften verknüpft, die sich Anfang des 20. Jahrhunderts in Österreich verbreiteten. Mitte der 1920er Jahre verzeichnete die Tiroler Konsum- und Spargenossenschaft 23 Verkaufsstellen, in Innsbruck gab es mehrere Filialen, bevor ein Allgemeines Lebensmittelmagazin in der Feldstraße 1 eröffnet wurde, bis dahin von der Bundesbahn als Lager genutzt. Noch vor dem Zweiten Weltkrieg kam ein Erweiterungsbau dazu. In den Kriegsjahren fungierte die Feldstraße 1 – 3 als »Gemeinschaftswerk Versorgungsring Tirol-Vorarlberg«.

1944 durch Bombentreffer zerstört, baute die Tiroler Konsumgenossenschaft das Gebäude nach dem Krieg wieder auf und eröffnete den Betrieb 1947. Neben Büros, Lager-, Betriebs- und Fabrikationsräumen gab es unter anderem Betriebswohnungen, ein Verkaufslokal im Parterre, einen Versammlungssaal sowie 2.500 Quadratmeter Lagerhalle.

1995 schlitterte Konsum Österreich in die Insolvenz, drei Jahre später erwarb die Firma Anditsch und Partner die Anlage und baute sie um. Neben dem Fresko von Nepo erinnern unter anderem die Verladerampen an die ehemalige Nutzung, dazu das Hoftor im Südosten mit den Wappen von Tirol, Salzburg und Vorarlberg und die geschnitzten Fensterpfosten, die Arbeiter, Frauen und Kinder darstellen.

Adresse Feldstraße 1–3/Duilestraße 2–4, 6020 Innsbruck-Wilten | **ÖPNV** Bus T, Tram 1, STB Haltestelle Fritz-Konzert-Straße | **Öffnungszeiten** nur von außen zu besichtigen | **Tipp** Ein Stückchen weiter Richtung Westen befindet sich die Brauerei Tiroler Bier. Neben Weizen- und Märzenbier gibt es Bieressig, Bierbrand oder Malt Whisky (Rampenverkauf Mo, Mi, Fr 14–18 Uhr).

54 Das Kugeldenkmal

Ein Geschoss in wässrigem Ambiente

An den einstigen Sillkanal, die künstlich angelegte Wasserader, die sich über Jahrhunderte durch Innsbruck zog und Gewerbebetriebe mit der nötigen Energie versorgte, erinnert heute nur noch wenig. 2017 kam ein markantes Erinnerungsstück dazu. Bei Aushubarbeiten war in der Kapuzinergasse eine rund 160 Kilogramm schwere und 50 Zentimeter breite Kanonenkugel aus Höttinger Brekzie entdeckt worden. Nicht gerade eine Sensation, angesichts der Tatsache, dass sich in der Nähe das Zeughaus befindet, das von Kaiser Maximilian errichtete Waffenarsenal, das heute als Museum dient.

Doch es kamen auch zwei Pfeiler, sogenannte Nagelfluhpfeiler, zum Vorschein. Sie sind Relikte des ehemaligen Sillkanals und stützten einst das Geländer einer Brücke, die genau an dieser Stelle über den Kanal führte, der in Wilten seinen Ausgang nahm.

Ein am Fuße des Bergisels in Wilten künstlich angelegtes Staubecken sorgte dafür, dass das Wasser gleichmäßig in den Kanal floss und die Mühlräder der Gewerbebetriebe in Bewegung setzte. Der erste Nachweis einer Mühle geht auf das Jahr 1180 zurück, es handelte sich dabei um die Stiftsmühle Sankt Bartlmä. Von dort führte der Kanal zur (früheren) Kreuzung Neurauthgasse / Karmelitergasse, weiter zu den östlichen Hinterhöfen der Adamgasse und über die Meinhardstraße den Klara-Pölt-Weg entlang.

Zwischen der Ing.-Etzel-Straße und dem westlichen Beginn der Jahnstraße verlief der Sillkanal in zwei parallelen Ästen und mündete nordöstlich des später errichteten Zeughauses wieder in die Sill. In den 1950er Jahren wurde der Sillkanal aufgelassen und zugeschüttet.

Die bei den Grabungsarbeiten entdeckte Kanonenkugel bildet zusammen mit den ehemaligen Brückenpfeilern nun das »Kugeldenkmal« in der Zeughausgasse. Wenige Gehminuten entfernt in der Jahnstraße, vor der Bahnunterführung links, erinnert ein alter Mühlstein ebenfalls an den lange so bedeutenden Sillkanal.

Adresse Kapuzinergasse 32 (Ecke Zeughausgasse), 6020 Innsbruck-Dreiheiligen | ÖPNV Tram 1, Haltestelle Messe/Zeughaus, Bus O, Haltestelle Dreiheiligenstraße | Tipp Das Theater praesent in der Jahnstraße ist eines der ambitionierten Off-Theater in Innsbruck. In den Räumlichkeiten befand sich in den 1990er Jahren das legendäre Theater der Provinz.

55 Die Liebesschlösser

Offiziell genehmigte Liebesbotschaften

Viele Paare finden den Trend mit den Liebesschlössern (Love Padlocks) offensichtlich total romantisch. Egal in welche Stadt man kommt, es findet sich mindestens eine Brücke, auf der sich Vorhängeschloss an Vorhängeschloss reiht. Die dazugehörigen Schlüssel liegen auf dem Grund des Flusses oder wurden längst davongetrieben. Wie viele dem Trend nicht folgen, lässt sich nicht sagen, weil sie ja keine Schlösser hinterlassen.

Es war nur eine Frage der Zeit, bis der Boom in Innsbruck hängen bleiben würde. Blöd nur, dass sich die Liebespaare ausgerechnet den Emile-Béthouart-Steg ausgesucht haben, den die meisten Einheimischen aus alter Gewohnheit immer noch Innsteg nennen, weil er von 1875 bis vor einigen Jahren so hieß. Seit 2003 trägt er den Namen jenes französischen Oberbefehlshabers, der 1945 bis 1950 als Hochkommissar der französischen Besatzung in Innsbruck war.

Unter der Last der zahllosen Schlösser drohte das an der eisernen Brücke angebrachte zarte Sicherheitsnetz zu reißen. Und das musste unbedingt verhindert werden. Denn die Brücke steht unter Denkmalschutz, das feine Sicherheitsnetz war als Minimalkonsens zwischen Bundesdenkmalamt und Stadt Innsbruck angebracht worden. Sprich, ein stärkeres würde es nicht geben, und kein Netz ging aus Sicherheitsgründen auch nicht. Das Amt für Tiefbau sah Gefahr in Verzug, zwickte die Beweise ewiger Liebe ab und brachte sie auf den Bauhof, wo sie abgeholt werden konnten. Eine Welle der Entrüstung war die Folge! Mit dem Hans-Psenner-Steg versuchte die Stadt daraufhin, den Liebespaaren einen neuen Ort schmackhaft zu machen. Das gelang nur bedingt. Er ist weit weniger romantisch und weiter von der Innenstadt entfernt.

Hinweistafeln auf der einen wie auf der anderen Brücke weisen nun darauf hin, warum auf der einen keine und auf dieser schon Liebesschlösser angebracht werden dürfen. Allein: Es halten sich nicht alle dran.

Adresse Hans-Psenner-Steg, 6020 Innsbruck-Saggen | ÖPNV Bus 502, 503, TS, Haltestelle Löwenhaus/ORF, Bus T, Tram 1, Haltestelle Mühlauer Brücke | Tipp Im Fritz-Prior-Schwedenhaus, 1956 mit Unterstützung einer schwedischen Hilfsorganisation errichtet und geleitet vom Aufbauwerk, befindet sich ein Verkaufsshop, in dem Produkte aus den Werkstätten verkauft werden.

56_Die Lohbachsiedlung

Gemeinsam bauen, gemeinsam schauen

Die Ulfiswiese war in den 1930er Jahren kein attraktives Baugebiet. Sie war feucht und sumpfig, lag weit außerhalb der Stadt und gehörte zur Gemeinde Hötting. Doch sie sollte Menschen mit geringem Einkommen die Möglichkeit eröffnen, sich ihren Traum vom Eigenheim zu erfüllen. Erste Erfahrungen mit einer solchen Siedlung hatte man bereits am Sieglanger gemacht, wo ebenfalls billiger Grund zur Verfügung gestellt worden war, um winzige Häuschen mit großem Garten zur Selbstversorgung zu errichten. Am Lohbach sollten die Bemühungen nun fortgesetzt werden.

Die Siedler bekamen günstige Darlehen, die Bauarbeiten erfolgten in drei Etappen. Die ersten Gebäude waren Doppelhäuser mit Spitzgiebel, durch den Wirtschaftstrakt aneinandergekoppelt. Dann folgten Doppelhäuser mit einem gemeinsamen Giebel und schließlich deutlich größere Häuser im Tiroler Stil. Das Charakteristikum der gesamten Siedlung: Die Wohnfläche war äußerst sparsam bemessen, jedes Eck wurde optimal genutzt, Keller gab es wegen des durchfeuchteten Untergrunds keinen. Die Wirtschaftsgebäude dienten dazu, Kleinvieh zu halten – dazu kamen Obstbäume und ein großer Garten. Der 1937 gegründete Siedlerverein diente dazu, Lebensmittel, Brennmaterial, Futter- und Düngemittel in großen Mengen günstig einzukaufen. Zudem unterstützte er bei der Kleintierzüchtung, beim Obst- und Gartenbau. Die Obleute führten ein strenges Regiment. Heute ist das anders.

Den Siedlerverein gibt es nach wie vor, das Vereinsgebäude ebenso, und die Mitglieder treffen sich auch regelmäßig, doch es werden immer weniger. Die Zugezogenen zeigen kein Interesse. Von den frühen Häusern sind nur noch wenige erhalten, die meisten wurden um- und ausgebaut oder durch neue Gebäude ersetzt. Die Grundstücke in der Lohbachsiedlung sind heiß begehrt, sagt Franz Huber, Obmann des Siedlervereins. Leisten kann sie sich aber nur mehr der gehobene Mittelstand.

Adresse Lohbachufer 25a, 6020 Innsbruck-Hötting West | **ÖPNV** Bus O, LK, T, Haltestelle Lohbachsiedlung Ost oder West | **Öffnungszeiten** Besichtigung auf Anfrage, Kontakt f.superhuber@gmx.at | **Tipp** Die nördlich der Lohbachsiedlung befindliche Hörtnaglsiedlung spiegelt ein ebenso spannendes Stück Siedlervereinsgeschichte wider.

57_Der Luftschutzstollen

Später gab's Pilze, heute wird geschossen

Als die Alliierten am 15. Dezember 1943 Innsbruck bombardierten, gab es in der ganzen Stadt bis auf ein paar Luftschutzkeller keinen Schutz für die Bevölkerung. Gauleiter Franz Hofer hatte keinerlei bauliche Vorkehrungen getroffen, um die Menschen bei einem Bombenangriff zu schützen – und diese Gefahr war rasant gestiegen, seit die Alliierten im Herbst in Italien gelandet waren. Der erste Luftangriff war verheerend: es gab 269 Tote, viele hundert Verwundete, zahlreiche Häuser waren total zerstört oder schwer beschädigt. Erst im Jänner 1944 begannen die lebensgefährlichen Sprengungen und kräfteraubenden Arbeiten an den Luftschutzstollen, durchgeführt von Zwangsarbeitern, Kriegsgefangenen und Gastarbeitern. Insgesamt waren 21 Stollen an der Nord- und der Südflanke der Stadt vorgesehen.

Eines der bekanntesten Stollensysteme liegt am Hohen Weg beim Hotel Heimgartl. Es umfasst circa dreieinhalb Kilometer Stollen und ist heute Eigentum des Landes Tirol. Ein anderes erstreckt sich unter dem Bergisel beim Gasthaus Bierstindl. Und ein weiteres stadtauswärts nahe der großen Kehre der Brennerbundesstraße. Sie alle haben eine mehr oder weniger bewegte (jüngere) Geschichte, die des in Privatbesitz befindlichen Stollens in der Nähe des Bierwirts in Amras reicht bis in die Jetztzeit.

Er hat eine Gesamtlänge von fast 400 Metern und bot rund 950 Menschen Schutz. Der Stollen verfügt über zwei Zugänge, einen hinter dem Haus Bichlweg 5 und einen am wenige Gehminuten entfernten Aufgang zum Park von Schloss Ambras. Die Anlage diente als Lager, später – wie die am Hohen Weg und an der Brennerstraße – zur Champignonzucht. Dann kamen Ideen auf, ihn als Nightclub zu nutzen. Um die Räumlichkeiten vor Vandalen zu schützen, ist ein Eingang mit schweren Eisengittern gesichert, der andere zusätzlich mit einem Tor. Dahinter fanden zuletzt öfter Schießübungen statt – gut zu hören in der Nähe.

Adresse Bichlweg 5, 6020 Innsbruck-Amras | **ÖPNV** Bus C, Haltestelle Amras Ort | **Öffnungszeiten** nur von außen zu besichtigen | **Tipp** Die Grünanlage auf der Einhausung der Autobahn in Amras lädt zu einem Spaziergang ein. Es gibt einen tollen Blick auf das Dorf und die Nordkette.

58 Der Mallnhof

Von glücklichen Schafen und Hühnern

Andrea Schreiner ist Schafbäuerin in Arzl, und sie nennt ihre Schafe gern »meine Mädels« und »meine Jungs«. Sie kennt alle beim Namen, so wie die Hasen und die Schweine. Lisi und Helga heißen Letztere zum Beispiel. Der Stall ist öffentlich zugänglich, damit die Leute sehen können, was sich hier tut, einen Einblick bekommen in das Bauerndasein. Die Kinder aus der Umgebung bringen gern Karotten und Salat für die Schweine vorbei, die grunzend ihren Rüssel zwischen die Holzlatten stecken und sich gern kraulen lassen.

Seit 1670 ist der direkt an der Arzler Straße gelegene Mallnhof im Besitz der Familie Schreiner, sind der Arzler Kalvarienberg und fünf Hektar Grünland ihre landwirtschaftliche Nutzfläche. Als Andrea den kleinen Hof 2007 übernahm, stellte sie von Rinder- auf Milchschafhaltung um. Schafe sind vielseitige Nutztiere, sie liefern Milch, Fleisch und Wolle – damit wollte Schreiner eine Nische besetzen.

Mit der Natur, mit den Tieren in Einklang leben, das ist ihr Credo, und das lebt sie. Wenn Tiere gut behandelt werden, geben sie ihr Bestes, das zeigt sich für die Bäuerin jeden Tag. Am Mallnhof sehen die Menschen, wo die Milch, der Käse, das Joghurt und das Fleisch herkommen, die sie kaufen. Und Schreiner sucht die Kooperation mit anderen Bauern. Nur gemeinsam können die Bauern die Herausforderungen bewältigen, die die heutige Zeit ihnen abverlangt. Nur wissende und mündige Konsumenten greifen zu echten bäuerlichen Produkten. Davon ist Schreiner überzeugt und setzt auf Direktvermarktung. 2016 hat sie den Arzler Bauernladen eröffnet. Hier bietet sie eigene und Produkte von Bauern aus der Umgebung an. Es gibt Schnäpse und Marmeladen, Würste, Fleisch, Obst und Gemüse, Kuchen, Brot und vieles mehr – je nach Saison und solange der Vorrat reicht. Im Arzler Bauernladen sind die Jahreszeiten sichtbar, nur mit Liebe und Hingabe Produziertes steht in den Regalen.

Adresse Arzler Straße 198, 6020 Innsbruck-Arzl | **ÖPNV** Bus A, 501, 503, Haltestelle Arzl West | **Öffnungszeiten** Arzler Bauernladen Fr 8–13 und 15–19 Uhr, Sa 8–12 Uhr | **Tipp** Der Naturlehrpfad Kalvarienberg befindet sich auf dem Gelände der ehemaligen Lehmgrube der Ziegelfabrik Josef Mayr auf der Südseite des Schusterbichls.

59_Die Messehalle

Ein kolossales Gebäude für alle Fälle

Im 19. Jahrhundert kamen Internationale Ausstellungen in Mode, in Metropolen gern Weltausstellungen genannt. In Tirol fand die erste derartige Veranstaltung 1893 statt. Als Standort bot sich jener Platz in der Ing.-Etzel-Straße an, an dem sich heute noch das Messegelände befindet. Mehr noch: Ein Teil des heute riesigen Komplexes ist original – die überaus elegante Halle B.

Sie war damals – sozusagen aus zweiter Hand – in Prag gekauft, nach Innsbruck transportiert und aufgestellt worden. In den »Innsbrucker Nachrichten« jener Zeit finden sich seitenweise Beiträge über die Vorbereitungen zur Internationalen Messe und die Errichtung dieser anmutigen Konstruktion aus Holz und Stahl. Bald stellte sich allerdings heraus, dass die riesige Halle nicht regelmäßig mit Großveranstaltungen bespielt werden konnte. Sie wurde in eine Art Mehrzweckhalle umfunktioniert, diente als Zirkusmanege, Festhalle, Kaserne, Pferdehalle und Militärmagazin.

Nach dem Ersten Weltkrieg kam die Idee auf, hier ein »Colloseum« zu errichten. Kein Geringerer als der später weltberühmte Architekt Clemens Holzmeister setzte den Zeichenstift an und modelte die Halle in einen Theater- und Zirkussaal um, mit einer Bühne und einer vorgelagerten Manege, die auch für das Orchester nutzbar war. Die Zuschauerränge boten Platz für bis zu 2.000 Personen. Ende der 1920er Jahre erfuhr die Messehalle einen Relaunch für die wieder stattfindende Landesausstellung.

Heute ist die historische Messehalle integraler Bestandteil des weitläufigen Messegeländes. Das einst frei stehende Gebäude mit seiner imposanten Glasfront ist allerdings eingequetscht zwischen architektonisch wenig gelungenen weiteren Hallen. Dass es wieder in altem Glanz erstrahlt, von diversen Umbaufreveln befreit wurde, verdankt das Gebäude der Tatsache, dass es unter Denkmalschutz gestellt und in den Ursprungszustand rückgebaut wurde. Ein beeindruckendes Zeugnis der Ingenieurskunst und früher »Ausstellungsarchitektur«.

Adresse Ing.-Etzel-Straße 31, 6020 Innsbruck-Saggen | **ÖPNV** Tram 1, Haltestelle Messe/Zeughaus | **Öffnungszeiten** innen bei Messeveranstaltungen zu besichtigen | **Tipp** Das Brennpunkt coffee competence unweit des Messegeländes verfügt über Kaffeerösterei, Kaffeeakademie und Lokal. Es gibt erstklassigen Kaffee, andere Feinheiten und ab und zu Kulturveranstaltungen.

60_Die Narren

Mit dem Arsch ins Gesicht

Das Goldene Dachl? Nicht im Ernst? – Doch! Gerade weil es jeder in Innsbruck zu kennen glaubt und es einem immer begegnet, wenn von Innsbruck die Rede ist, ist es in seinen Details maßlos unterschätzt. Das größte Ablenkungsmanöver liefern die vergoldeten Kupferschindeln: Sie blenden die kleinen Spezialitäten aus, die es zu sehen gibt.

Selbst die, die jedes Detail zu kennen glauben und sich intensiv mit der künstlerischen Gestaltung des Goldenen Dachls befasst haben, kennen sie oft nicht, die Narren und Kobolde, die frech die Zunge rausstrecken, einem ihre nackten Ärsche und ihre Geschlechtsteile ins Gesicht hängen. Dafür muss man sich einfach direkt unter den Erker stellen, den Kopf heben und in die Ecken des Netzgewölbes schauen. Et voilà: spitzbübische, freche, herausfordernde Blicke, Allerwerteste und mehr in allen Variationen! Der eine pinkelt lustvoll, der andere scheint beim großen Geschäft zu sein und verzieht angestrengt das Gesicht, wieder ein anderer ergeht sich in eigentümlichen Verrenkungen. Die Figürchen sind eine frivole Pracht.

Die wissenschaftliche Literatur spart eine genaue Betrachtung dieser Figürchen meist aus, wohl zu unbedeutend angesichts der Fülle an Rätseln und Anspielungen, welche die Gemälde und Reliefs liefern. So ist zum Beispiel immer noch nicht geklärt, welche Bedeutung die Wörter auf dem Spruchband der Reliefplatten haben. Vermutlich handelt es sich um eine »Pseudoschrift«, die keine Information enthält.

Jedenfalls dürften die Narren und Kobolde, die im Netzgewölbe hängen, der Ikonografie des Prunkerkers Maximilians I. verpflichtet sein, die sich den Themen Minne und Torheit widmet – verrückter Liebe, Jux und Tollerei. Kaiser Maximilians I. Vorliebe für ausgelassene Feste und Mummereien ist legendär. Die kleinen Figürchen, deren Allerwerteste über den Köpfen der Menschen schweben, sind an schrägem Humor kaum zu überbieten.

Adresse Herzog-Friedrich-Straße 15, 6020 Innsbruck-Altstadt | **ÖPNV** Bus A, M, O, J, C, TS, Tram 1, STB, Haltestelle Maria-Theresien-Straße | **Tipp** Gleich um die Ecke, in der Pfarrgasse, befindet sich das Uhrengeschäft Schmollgruber, spezialisiert auf die Restaurierung antiker Uhren. Das Geschäft im gotischen Gewölbe lässt die wunderbaren Raritäten glänzen.

61_Die Oppolzer-Sternwarte

Sterne gucken wie vor 100 Jahren

Es ist einem tragischen Ereignis zu verdanken, dass Innsbruck über ein außergewöhnliches Objekt wie dieses verfügt. Der Erbauer der Sternwarte in der gleichnamigen Straße in Innsbruck, Egon von Oppolzer (1869–1907), starb in jungen Jahren an einer Blutvergiftung. Die von ihm in unmittelbarer Nähe zu seinem Wohnhaus errichtete Sternwarte blieb so, wie sie war.

Oppolzer war 1901 als Professor für Astronomie an die Universität Innsbruck berufen worden. Eine Berufung, die er gern annahm, war der Ort in den Bergen seiner Meinung nach doch ideal für den Bau einer Sternwarte – die Nächte dunkel, die Luft klar. 1904 baute er am damaligen Stadtrand eine Sternwarte nach eigenen Plänen und stattete sie mit den modernsten Geräten aus. Drei Jahre später starb Oppolzer. 1909 kaufte der Staat Österreich die Sternwarte und übereignete sie der Universität, die sie in den kommenden Jahrzehnten für Lehre und Forschung nutzte. Nun waren es die fehlenden Mittel, die die Uni daran hinderten, die Instrumente durch neuere zu ersetzen.

1953 erhielt die Sternwarte, die bei den Bombardierungen Innsbrucks beschädigt worden war, einen Anbau mit den längst nötigen Sanitäranlagen sowie einer Dunkelkammer, dazu eine frei stehende Kuppel. Ende der 1960er erfolgte mit dem Quertrakt im Westen nochmals eine Erweiterung. Als erste und letzte Anschaffung seit der Inbetriebnahme der Sternwarte kam 1973 ein Zeiss-Coudé-Linsenteleskop dazu, das heute noch für die Ausbildung genutzt wird.

Die Oppolzer-Sternwarte ist ein Ort, der einen zum staunenden Kind werden lässt. Bei den Führungen erzählt Friedrich Vötter, der die Anlage mit dem Astrophysiker Herbert Hartl betreut, von den architektonischen Besonderheiten des Gebäudes und erklärt den Zweck der Geräte. Die alle noch funktionieren würden, doch längst ist die Nacht über Innsbruck dank Lichtverschmutzung alles andere als dunkel und die Luft selten klar.

Adresse Sternwartestraße 13, 6020 Innsbruck-Hötting | ÖPNV Bus A, Haltestelle Botanikerstraße | Öffnungszeiten Mi 16.30–18.30 Uhr | Tipp Der unmittelbar an die Oppolzer-Sternwarte angrenzende, zwei Hektar große Botanische Garten beherbergt über 7.000 Pflanzenarten.

62_Oscar kocht

Alle an einem Tisch

Mit »Oscar wird kochen« ließ Oscar Germes Castro auf Facebook jeden daran teilhaben, wie sein Lokal in der Defreggerstraße in Pradl Gestalt annahm. Befreundete Architekten, Handwerker und Hobbybastler halfen ihm, einen Traum umzusetzen, bei dem Unternehmensberater die Hände über dem Kopf zusammenschlagen: eine Theke mit integriertem Küchenblock und ein Tisch für acht Personen. Mittags genau ein Gericht auf der Karte, abends ein Sechs-Gänge-Menü – eine gute, aber überschaubare Auswahl an Getränken, Lebensmittel möglichst regional, saisonal und vegetarisch, oft vegan.

Doch Oscar, promovierter Politikwissenschaftler und Koch aus Leidenschaft, hatte das Konzept gut durchdacht. Selbst bei der Wahl des Lokals hatte er klare Vorstellungen. In Pradl oder Dreiheiligen sollte es sein. Dabei sind die beiden Stadtteile nicht gerade die Hotspots der gehobenen abendlichen Freizeitgestaltung – zumindest nicht in diesem Bereich. 2013 eröffnete Oscar sein »Oscar kocht« – und es läuft hervorragend.

Die Gäste können sich nicht aussuchen, was es gibt: Oscar und die Saison bestimmen, was auf den Teller kommt. Drei Viertel der verwendeten Produkte bezieht er von Bauern aus der Umgebung, jeden Lieferanten kennt er persönlich. Er war auf den Weingütern, von denen er die Weine bezieht, und fast alle Winzer waren schon einmal zum Essen bei ihm. Seiner Herkunft geschuldet ist, dass die Gerichte immer auch einen Hauch Mexiko enthalten. Dabei variiert er Rezepte gern, probiert aus. Oscars Kreationen zeugen von großer Kreativität, von der Freude am Kochen – und sie schmecken hervorragend.

Jedes Abendessen dauert so lange, wie es dauert. Die Gäste sind live dabei, wenn Oscar die Suppe püriert, die Zwiebel anschwitzt und den Nachtisch vorbereitet. Hätte er das Lokal für mehr Leute konzipiert, wäre die Intimität verloren gegangen, so passt es perfekt – für ihn und seine Gäste.

Adresse Defreggerstraße 21, 6020 Innsbruck-Pradl | **ÖPNV** Tram 3, Haltestelle Defreggerstraße | **Öffnungszeiten** Di–Fr 12–14 Uhr, Di–Sa 19 Uhr, So, Mo und Feiertage geschlossen, abends Reservierung erforderlich, Kontakt reservas@oscarkocht.com | **Tipp** Corinne Goldbach stellt in Diduschs Glaserei Wohnaccessoires, Tischwaren und andere Designprodukte aus Glas her, schön anzuschauen im stilvoll eingerichteten Verkaufsraum in der Gumppstraße.

63 Das Österreichische Weltraum Forum

Innsbruck, wir haben kein Problem

Er heißt Aouda.X, ist ein Raumanzug-Simulator und der Star im ÖWF mit Sitz in Innsbruck. Wer das Hinweisschild übersieht, läuft erst am Sillufer entlang, bevor er um das Rote-Kreuz-Gebäude herum in den Innenhof geht.

Dort steht auf einem desolat wirkenden Gebäude auf einem unspektakulären Schild »Österreichisches Weltraum Forum«. Dabei handelt es sich um eine Institution, die europaweit, ja weltweit bekannt ist. Das ÖWF ist ein hochprofessionelles Netzwerk für Raumfahrtspezialisten und arbeitet mit nationalen und internationalen Forschungseinrichtungen, der Industrie und der Politik zusammen.

Der Raumanzug-Simulator Aouda wurde in aufwendigen Verfahren entwickelt. Er fingiert realistisch die Bedingungen einer Weltraummission. Wer die Grundausbildung mit Aouda schafft, ist ein Held: Das Ding wiegt 50 Kilogramm, und man braucht bis zu drei Stunden, um es anzuziehen beziehungsweise angezogen zu bekommen, denn allein ist das nicht zu schaffen. Der Anzug ist aluminiumbeschichtet, die Testperson trägt luftdurchlässige, schweißabsorbierende Kompressionsunterwäsche. Im Anzug wird gegessen, und eine Toilette ist integriert. Solch schwierige Bedingungen halten nur Menschen aus, die in körperlicher und psychischer Bestverfassung sind. Alle wesentlichen Dinge, wie Werkzeuge und ein USB-Anschluss, befinden sich in der Brusttasche vor dem Körper, auf dem Rücken sind die lebenserhaltenden Elemente wie Sauerstoff.

Der zweite Star des ÖWF ist die Schaltzentrale, das Mission Support Center: Von hier aus überwachen Wissenschaftler große Weltraumsimulationen. Die Marsmission auf dem Kaunertaler Gletscher 2015 lief hier ebenso über die Bildschirme wie die in der Wüste von Oman 2018. In einem Hinterhof in Pradl wird Weltraumgeschichte geschrieben.

Adresse Sillufer 3a, 6020 Innsbruck-Pradl | **ÖPNV** Bus J, Haltestelle Tivoli | **Öffnungszeiten** Besichtigungen auf Anfrage, Kontakt info@oewf.org | **Tipp** An der Sill (Höhe Aussichtsplattform am Tivoli) ist eine Fischtreppe errichtet worden. Sie ermöglicht es den Fischen, die Sill im Bereich des Tivoli-Wehrs ungehindert zu passieren.

64_Otto Mathé

Und es lief wie geschmiert

In der Heiliggeiststraße, schräg vis-à-vis des in diesem Buch behandelten Spirituosengeschäfts Lauda, befindet sich ein weiteres bemerkenswertes Geschäft. Es ist eines, in dem sich seit Jahrzehnten nichts geändert hat, außer dass vielleicht ein Aktenstapel von links nach rechts gerückt oder ein Stuhl verschoben wurde. Um einen Kraftstoff geht es hier auch – genau genommen um dessen Erfinder Otto Mathé. Im Geschäft riecht es nach Öl, nach Werkstatt, es riecht so intensiv, als würde Otto Mathé gleich durch die Tür kommen und sich die Hände an der Hose abstreifen.

Otto Mathé (1907–1995) liebte die Geschwindigkeit, er war erst Rad-, dann Motorradrennfahrer. 1934 zog er sich bei einem Rennen eine schwere Verletzung am rechten Arm zu. Alle Nerven waren durchtrennt, der Arm danach gelähmt. Was ihn nicht daran hinderte, seine Liebe zum Motorsport weiter auszuleben. Er setzte seine internationale Karriere als Autorennfahrer fort. Daneben war Mathé ein Tüftler. Zu Reichtum verhalf ihm die Erfindung des Mathé-Universal-Additivs, das damals den Kraftstoff revolutionierte. Es wurde als eine Art Schmiermittel dem Treibstoff zugesetzt, was die Motorleistung verbesserte und den Spritverbrauch verminderte.

Die genaue Rezeptur hielt Mathé zeitlebens geheim, die Grundzutaten allerdings hatte er sich vom amerikanischen Treibstoffzusatz Bardahl abgeschaut. Er verbesserte die Rezeptur, indem er einige neue Zusatzstoffe untermischte, und nannte das Mittel »Additiv Mathé Universal« – über Jahrzehnte ein internationaler Verkaufsschlager.

Nach dem Ableben von Mathés Frau, die das Geschäft nach dem Tod ihres Mannes weitergeführt hatte, kamen dem Rechtsanwalt der Familie und einem ehemaligen Mitarbeiter des Rennsportlers die Idee, das Geschäft so zu belassen, wie es war, und es einmal in der Woche für »Mathéisten«, wie sie selbst es sind, und Interessierte zu öffnen. Und so ist es geblieben.

Adresse Heiliggeiststraße 3, 6020 Innsbruck-Wilten | **ÖPNV** Bus F, R, H, M, 501, 502, 503, 505, 590, Haltestelle Heiliggeiststraße | **Öffnungszeiten** Do 17–18.30 Uhr | **Tipp** An der Nordseite des Hauses Leopoldstraße 7 ist ein Krug eingemauert. Vermutlich ein Überbleibsel der Töpferei K, die hier in einem Stöcklgebäude untergebracht war.

65 Das Papierwerk

Handgeschöpftes für besondere Anlässe

Gerda Sattler-Wachter betrachtet Papier, speziell Zeitungspapier, ganz anders als andere Menschen. Sie betreibt Tirols einzige gewerbliche Werkstatt für handgeschöpftes Papier, das Papierwerk 32 in der Innstraße. Als sie es 2004 eröffnete, gab es in Sankt Nikolaus-Mariahilf nur wenige besondere Geschäfte, mittlerweile sind in der Umgebung eine Vielzahl zu entdecken.

Der Eingang ist leicht zu übersehen, denn die historischen Häuser verfügen über kleine, schmale Zugänge und ebensolche Auslagen. Verkaufsraum und Werkstatt sind im Papierwerk eins, getrennt durch eine Theke, auf der schöne Dinge aus Papier stehen. Um Papier zu schöpfen, braucht es wenig Platz, wenige Geräte, dafür viel Begabung und Fingerspitzengefühl, wenn das Produkt eine gute Qualität haben soll. Und die soll es haben. Sattler-Wachter war Lehrerin, bis sie ihr großes Hobby zum Beruf machte.

Sie arbeitet mit Maulbeerbast, Baumwollfasern und Zeitungspapier. Letzteres sortiert sie nach Farben, um den Grundton des geschöpften Papiers festzulegen. Aus dem Papier macht sie einen Brei, überträgt ihn auf den Schöpfrahmen, lässt das Wasser abtropfen, setzt dann die Pulpe auf ein Tuch, presst sie und löst es vom Rahmen. Danach muss das Büttenpapier nur noch trocknen.

Neben ihren eigenen Produkten verkauft Gerda Sattler-Wachter spezielle Papiere wie ägyptischen Papyrus, indisches Baumwollpapier oder das berühmte italienische Fabriano-Papier, das sich anfühlt wie Seide. Wunderbar anzufassen auch die Kärtchen, Kuverts und Papiersorten, die feinen kleinen und größeren Sachen aus Papier, die Sattler-Wachter fertigt. Das Geschäft weckt Gusto auf schöne Papiere, darauf, sein eigenes Büttenpapier zu schöpfen. Gerda Sattler-Wachter gibt ihr Wissen und ihre Erfahrung in Kursen weiter. Und ein Besuch bei ihr im Papierwerk lässt einen wieder öfter zu Füllfeder oder Stift greifen – und zu Karten oder Briefpapier.

Adresse Mariahilfstraße 32, 6020 Innsbruck-Mariahilf | **ÖPNV** Bus A, TS, Haltestelle Mariahilfpark | **Öffnungszeiten** Di–Fr 10–13 Uhr, Mo und Do 16–19 Uhr und nach Vereinbarung, Kontakt papierwerk32@tele2.at | **Tipp** An der Innpromenade (östlich des Spielplatzes) steht seit 2016 ein Denkmal, das an den Völkermord an den Armeniern im Jahr 1915 erinnert. Hunderttausende Menschen wurden damals im Osmanischen Reich systematisch ermordet.

66 Der Pembaurblock

Große Maßstäbe im sozialen Wohnbau

Sie sei wohl »die schönste ihrer Art in ganz Österreich«, stand am 3. September 1928 im »Tiroler Anzeiger« zu lesen. Gemeint war die Mutterberatungsstelle im sogenannten Pembaurblock im Innsbrucker Stadtteil Pradl, die tags darauf eröffnet werden sollte und in »modernster, mustergültigster Weise« eingerichtet war.

Die Mutterberatungsstelle nahm eine zentrale Rolle im Pembaurblock ein, entworfen von den Architekten Theodor Prachensky und Jakob Albert. Stilistisch war er der Neuen Sachlichkeit verpflichtet, und er galt nicht nur in Innsbruck als Beispiel für zukunftsweisenden kommunalen Wohnbau. Der Fokus der Architekten lag auf der Wohnqualität der künftigen Bewohner, wobei sie die veränderten gesellschaftlichen Rahmenbedingungen berücksichtigten. An die Stelle der Groß- war die Kleinfamilie getreten, viele Frauen gingen arbeiten. Mutterberatungsstellen galten als wichtiges Angebot, um die hohe Säuglingssterblichkeit zu bekämpfen.

Prachensky und Albert planten eine großzügige u-förmige Anlage mit 108 Wohnungen, in der zudem Geschäfte untergebracht waren. Erker durchbrachen und gliederten die Fassade, den Abschluss zum Dach bildete ein Gesimsband. Im Innenhof übernahmen neben Erkern auch Loggien (heute geschlossen) und Balkone die optische Gestaltung. Der Block erhielt – zusätzlich zu den Hauseingängen – zwei überbaute große Zugänge zum Innenhof, die für Durchlässigkeit sorgten. Im nördlichen Teil führte eine breite Stiege zur Mutterberatungsstelle. Der weitaus größere südliche Teil des Innenhofs diente als Erholungs- und Spielraum. Denn die Architekten senkten diesen Bereich gegenüber den Hauseingängen und dem rundumlaufenden Weg ab.

Der mittlerweile denkmalgeschützte Pembaurblock ist ein gelungenes Beispiel sozialen Wohnbaus. Und über den großen Zugängen prangt immer noch der Schriftzug »Mutterberatungsstelle«. Die Räumlichkeiten werden allerdings anderweitig genutzt.

Adresse Pembaurstraße 31–41, 33a, Amthorstraße 25–27, Pestalozzistraße 1–11, 6020 Innsbruck-Pradl | ÖPNV Bus H, Haltestelle Amthorstraße | Tipp Vor der ebenfalls denkmalgeschützten Renner-Schule findet sich das Antriebsrad, das bis zur Auflassung der Bierbrauerei Adambräu dort installiert war.

67_Der Pfarrsaal Hötting

Ein »Kelomat« neben der Kirche

Wenn ein Bauwerk einen Spitznamen bekommt, dann ist es akzeptiert. Und dieses 1994 errichtete Bauwerk hatte seinen Namen sofort. Kelomat nannten die Höttinger ihren neuen Pfarrsaal zwischen Kirche und Widum. Und tatsächlich hat das Gebäude etwas von einem Schnellkochtopf: die runde Form, das flache überstehende Dach, die henkelartige Anbindung an das Widum.

Zufällig gewählt hat der Architekt Jörg Streli, selbst Höttinger, diese Form nicht. Sie ist der Tatsache geschuldet, dass das Pfarrhaus und die Kirche sich als Solitäre präsentieren und sich im schrägen Winkel gegenüberstehen. Die neue Höttinger Kirche ist, nebenbei bemerkt, die erste Kirche in Tirol, die komplett aus Beton errichtet wurde. Um eine Verbindung zwischen den beiden herzustellen, schien Streli die Kreisform ideal, da sie wie ein Gelenk zwischen den Bauten fungiert, ohne neue Ecken oder Kanten zu schaffen. Im Gegenteil: Ein Kreis hat harmonisierende Wirkung, ein runder Raum fördert die Kommunikation, perfekt für einen Pfarrsaal. Obwohl sich die Akustik von der Mitte des Raums aus als nicht ideal erweisen sollte – eine zu vernachlässigende Schwäche, wie Bauherr und Architekt befanden.

Zentral war für den Architekten die Dachkonstruktion. Sie sollte dem Gebäude Leichtigkeit geben und wie eine Art Regenschirm von Stahlsäulen getragen werden. Diese Leichtigkeit erzielte er durch ein rundumlaufendes Fensterband, in das einzelne Lüftungsflügel eingezogen sind. Die Verglasung vom Boden bis zur Decke schuf Transparenz und stellte den Bezug zur Kirche her, der keilförmige Foyertrakt den zum Widum.

Kurz nach dem Bau war der Pfarrsaal noch gut einsehbar, mittlerweile sind Sträucher und Bäume im Garten so hoch, dass sie große Teile des Gebäudes verdecken. Ob es im Pfarrsaal schon Sitzungen gab, bei denen die Stimmung überkochte und den Raum in einen Dampfkessel verwandelte, ist nicht bekannt.

Adresse Schulgasse 2, 6020 Innsbruck-Hötting | ÖPNV Bus J, H, Haltestelle Höttinger Kirchplatz | Öffnungszeiten von außen zu besichtigen | Tipp Im Café Großgasteiger schräg gegenüber kehren die Höttinger gern nach dem Kirchgang ein, es ist zudem bekannt für seine vorzüglichen Kuchen – besonders die Cremeschnitten mit Vanillefülle.

68 Die Pirminkapelle

Das erste Bild der Nordkette

Neben der heiligen Notburga ist der heilige Pirmin der einzige Heilige, der auf Tiroler Boden begraben ist. Bemerkenswert, bezeichnet sich das Land doch gern als Heiliges Land. Gleichzeitig ist der heilige Pirmin Stadtpatron von Innsbruck. Die Pirminkapelle in der Innsbrucker Jesuitenkirche ist in mehrerlei Hinsicht interessant.

Pirmin (circa 690–753) war Benediktinermönch und gründete zahlreiche Klöster, etwa 724 auf der Insel Reichenau im Bodensee oder in Hornbach in der Pfalz, wo er im Alter von 77 Jahren starb. Seine Herkunft konnte in der Forschung nicht genau festgelegt werden. Vermutlich stammt er aus dem Südwesten Frankreichs. Als das Kloster in Hornbach säkularisiert wurde, brachte der Abt die Reliquien nach Speyer. Der von dort stammende Graf Schweickard von Helfenstein war ab 1564 Statthalter von Tirol und wurde von den Jesuiten zum Katholizismus bekehrt. Dafür schenkte er ihnen 1575 die Gebeine Pirmins. Im 17. Jahrhundert kamen diese in einem kostbaren Schrein in die Jesuitenkirche in der Universitätsstraße. Im 19. Jahrhundert erhielt der Heilige einen neuen, diesmal einen Glasschrein, der 1920 schließlich vergoldet wurde. Den Schrein, in dem Pirmin heute liegt, stifteten Innsbrucker Bürger in den 1950er Jahren. Er ist aus Holz, teilweise vergoldet und mit versilberten Reliefs und Inschriften versehen.

Über die Betrachtung der Details könnte man fast das Bild vergessen, das an der Nordwand der Kapelle hängt. Ein Bild, das das Herz eines jeden Innsbruckers, einer jeden Innsbruckerin berühren muss. Es zeigt nämlich nicht nur, wie Pirmin die Dreifaltigkeit bittet, Innsbruck von der Pest zu verschonen, es zeigt auch eine realitätsnahe Darstellung der Stadt Innsbruck zur damaligen Zeit. Und im Hintergrund ist – erstmals in der Tiroler Kunstgeschichte – eine naturalistische Darstellung der Nordkette zu sehen. Entstanden ist das Gemälde wohl vor 1667.

Adresse Karl-Rahner-Platz, 6020 Innsbruck-Innenstadt | ÖPNV Bus A, M, O, J, C, TS, Tram 1, STB, Haltestelle Landesmuseum | Öffnungszeiten täglich geöffnet, keine Besichtigung während der Messfeiern | Tipp Das Tiroler Volkskunstmuseum hat längst alles Verstaubte abgelegt und bietet immer wieder aufregende Sonderausstellungen.

69 Die Porzellanwerkstatt

Bitte zu Tisch!

In regelmäßigen Abständen rattert der Zug drüber. Thomas Berktold hört das schon lange nicht mehr. Seit über zehn Jahren betreibt er seine Porzellanwerkstatt im Viaduktbogen 132 im Saggen. Die Vibrationen haben keinen Einfluss auf seine Arbeit, das ist das Wichtige. Die Werkstatt ist funktional, der Schauraum nicht zu groß. Über eine Stiege geht's zu einer kleinen Küche, in der sich Berktold zwischendurch einen Kaffee macht oder etwas zu essen.

Zum Töpferhandwerk kam Berktold über seine ehemalige Frau, die Töpferin ist. Ihn faszinierte das Material, also kaufte er sich eine Töpferscheibe und übte so lange, bis er das Material im Griff hatte. Von da war es nur noch ein Schritt zum Keramiker – allerdings forderte dieses Material wieder einen ganz anderen Umgang. Im Gegensatz zu Ton, der in der Natur vorkommt, muss Porzellan erst bearbeitet werden, um es zu nutzen: Kaolin (Porzellanerde) wird versetzt mit Quarz, Feldspat und anderen natürlichen Rohstoffen. Es sei ein sehr edles, aber zickiges Material, sagt Berktold. Es wolle gut behandelt werden, merke sich Fehler bei der Bearbeitung und mache diese sichtbar.

Es braucht mehrere Schritte, vom Drehen auf der Töpferscheibe über die Glasur bis zum Schleifen, bis das Objekt fertig ist. Und es braucht Zeit. Über 80 Stunden sind allein fürs Brennen und Auskühlen zu veranschlagen. Doch am Ende hält Berktold ein wasserdichtes, widerstandsfähiges, transluzentes und formschönes Objekt in Händen. Weil alles handgefertigt ist, ist kein Stück wie das andere, jedes ein Unikat.

Berktold fertigt keine reinen Dekorationsobjekte, sondern will mit seinen Arbeiten einen Beitrag zur Tischkultur leisten. Schönes Geschirr, sagt er, trage viel zur Qualität des Essens bei. Berktolds Teller in allen Größen, seine Schüsseln, Schalen, Tassen und Eierbecher sind wunderbar anzuschauen, wunderbar anzugreifen – und den Zug hört man nicht mehr.

Adresse Viaduktbogen 132, 6020 Innsbruck-Saggen | ÖPNV Bus H, Wohnheim Saggen | Öffnungszeiten Mo–Fr 10–12 Uhr, telefonische Anmeldung erbeten unter Tel. 0650/7840437 | Tipp Das Kletterzentrum Sillside in der Matthias-Schmid-Straße verfügt über drei Klettertürme im Freien sowie eine Seilkletterhalle und eine Kletterwand im Innern. Insgesamt stehen rund 700 Routen zur Verfügung.

70_Der Pradler Dorfplatz

Rundumblick am Brunnen

Das ursprünglich zu Amras gehörende Pradl wurde 1904 in die Stadt Innsbruck eingemeindet, ist der bevölkerungsreichste Stadtteil und in seinem Kern ein Dorf. Der Name leitet sich vom lateinischen »pratalia« ab, was so viel wie kleine Wiese bedeutet. Die Nähe zur Stadt ließ Pradl im 19. Jahrhundert stark wachsen, immer mehr Städter drängten in die günstigeren Umlandgemeinden, zudem entstanden große Industriebetriebe, wie etwa die Textilfabrik Herrburger und Rhomberg auf dem heutigen Sillparkgelände.

Obwohl rundum kräftig in die Höhe gebaut wurde, hat sich der dörfliche Charakter zwischen Brunnenplatz, Pradler Straße, Dorfplatz und Egerdachstraße erhalten. Ein beeindruckendes Ensemble aus (ehemaligen) Bauernhäusern und Wirtschaftsgebäuden gruppiert sich um den Brunnen im nördlichen Teil der Pradler Straße. Der Platz wurde vor Kurzem mit jungen Bäumen und einer Bank aufgewertet und lädt zum Verweilen ein. Was auch sporadisch passiert, obwohl die Aufenthaltsqualität aufgrund der Zwickelsituation zwischen zwei Straßen bescheiden ist. Zudem ist die Pradler Straße stark befahren, und die Bank steht just in deren Nähe. Zu sehen gibt es einiges.

Da ist der große fünfeckige Granittrog mit der Statue des heiligen Florian auf dem Platz selbst. Im Norden ein ehemaliges Bauernhaus mit Bundwerkgiebel und gemalten Fensterrahmungen im ersten Stock, daran anschließend ein kleines Wirtschaftsgebäude. An der Stirnseite des Wohnhauses – wie bei unzähligen anderen Häusern in Innsbruck – eine Mariahilf-Madonna. Vis-à-vis ein weiteres entzückendes Bauernhaus, ein weiterentwickelter Mittertennhof mit großem Tor. Der Bundwerkgiebel ist mit geschnitzten Figuren versehen. Gleich daneben noch ein kleiner Stadel, weiß getüncht, der als Lager genutzt wird. Wer von hier aus Richtung Brunnenplatz oder die Egerdachstraße entlangspaziert, wird noch mehr vom dörflichen Pradl entdecken.

Adresse Pradler Dorfplatz, 6020 Innsbruck-Pradl | **ÖPNV** Linie O, TS, Haltestelle Pradler Straße | **Tipp** Die Konditorei Walter ist ein Paradies für Schleckermäuler. Die Kuchen, Torten und hausgemachten Pralinen sind eine Sünde wert. Als Highlight gilt die Valrhona-Torte, eine französische Schokoladentorte, hergestellt ohne Mehl.

71 Der Pradler Roßsprung

Ein stürzender Knabe schreibt Geschichte

Möglich, dass der Pradler Roßsprung an dieser Stelle stattfand, möglich, dass nicht. Jedenfalls stand die Tafel noch vor einigen Jahren auf der anderen Straßenseite in der Wiese neben dem Sportplatz. Nun stehen die Tafel, die an das Ereignis erinnert, und der Roßsprungstein auf einer kleinen Erhebung, die mit Pflastersteinen ausgekleidet ist, am Zwickel Egerdachstraße / Amthorstraße.

Wiederentdeckt hat den Roßsprungstein der frühere Stadtarchivar Franz-Heinz Hye 1973. Die Legende will, dass im 15. Jahrhundert ein edler Knabe mit einem Pferd rund zwölf Meter über einen zum Amraser See hin verlaufenden Wassergraben sprang. Es muss wohl ein aufregendes Ereignis gewesen sein, jedenfalls gab es später zwei Varianten der Geschichte. Die eine besagte, das Ganze habe sich zur Zeit Erzherzog Sigmunds abgespielt und der Knabe den »vierzig Werkschuh« breiten Graben mit einem kühnen Sprung überwunden. Die andere Version siedelte das Ereignis in der Zeit Philippine Welsers und Ferdinands II. an und ließ den Reiter Richtung Stadt preschen, um dem Fürsten die frohe Botschaft zu bringen, dass er Vater geworden sei. Hier überlebten Ross und Reiter nicht. Beiden Varianten gemeinsam: Zum Gedenken an das Ereignis wurden zwei Marksteine an die Unfallstelle gesetzt – doch die scheint variabel.

Um die Standortverwirrung perfekt zu machen: Nicht weit vom jetzigen Roßsprung-Denkmal gab es bis vor Kurzem eine Sackgasse, die so hieß. Nach Abriss der dortigen Gebäude übernahm die Spielstraße des neu errichteten Wohnbaus Pradl Ost den Namen.

Dem nicht genug. Hye bezeichnete den Roßsprung damals als »ältestes Denkmal der Reichenau« – weswegen der Stein wohl 1990 ins neu entworfene Stadtteilwappen einging. Wäre man kleinlich, müsste man jetzt festhalten: Auf dem neuen Standort steht der Roßsprung nicht mehr in der Reichenau, bildet doch die Egerdachstraße deren Grenze im Südwesten.

Adresse Höhe Egerdachstraße 35, 6020 Innsbruck-Pradl | **ÖPNV** Bus H, Haltestelle Türingstraße | **Tipp** In der Amthorstraße befindet sich einer der bedeutenden Wohnbauten des Architekten Josef Lackner. Als signifikantes Gestaltungselement dienen die quadratischen, versetzten »Winterbalkone«.

72 Der Pulverturm

Sporteln, wo einst Wildtiere grasten

Die Anlage südlich des großen Flughafen-Parkhauses ist eine interessante Kombination aus Sport und Kultur. Früher befand sich hier der landesfürstliche Tiergarten, heute die Universitätssportanlage Pulverturm.

Bereits Kaiser Maximilian I. ging in dieser Gegend auf die Jagd, 1570/71 ließ Erzherzog Ferdinand II. einen umfriedeten Tiergarten anlegen, in dem er der Jagd und der Fischerei frönte. In dessen Zentrum errichtete er ein Lusthaus mit Wirtschaftsgebäuden. Hier fanden große Jagdgesellschaften mit geladenen Gästen statt. Die Nachfolger des Erzherzogs zeigten wenig Interesse, und die Anlage begann zu verfallen. Schließlich wurde sie aufgelassen und einzelne Parzellen an die benachbarten Bauern verkauft. An die lange Nutzung als Militärlager erinnert der Name Pulverturm. Er ist allerdings irreführend: Das Gebäude ist kein Turm, und das Schießpulver befand sich vermutlich in den Nebengebäuden des Areals.

Vom prächtigen Lustschloss, das fünf Türme zierten, ist heute wenig übrig. Die Ecktürme wurden abgetragen, das Gebäude sukzessive entkernt. Der heutige Bau, der einem Kornspeicher ähnelt, stammt aus dem 18. Jahrhundert. Besonders auffällig, neben der Form, ist die perspektivische Scheinarchitektur mit den geschmückten Balkonen. Im Innern ist der ehemalige Festsaal erhalten, er dient dem Universitäts-Sportinstitut heute für Vorlesungen und ist nicht öffentlich zugänglich. Im Pulverturm sind zudem das Labor für Biomechanik und Leistungsdiagnostik und mehrere Sporthallen untergebracht.

Im Freien befinden sich weitere Sportanlagen wie Skaterpark, Beachvolleyballplatz oder Finnenbahn. Sie stehen in einem spannenden Kontrast zu den historischen Gebäuden, an denen man vorbeispaziert, um schließlich auf das wuchtige Portal zu stoßen, das am südöstlichen Ende der langen Einfriedungsmauer steht – und noch einmal an die Bedeutung des Tiergartens für Ferdinand II. erinnert.

Adresse Fürstenweg 189, 189a, b, c, 6020 Innsbruck-Höttinger Au | ÖPNV Bus H, Haltestelle Flughafen | Öffnungszeiten Der Pulverturm ist nur von außen zu besichtigen. | Tipp Der Falstaff Gourmet Club bewertet das Restaurant Burkia am Fürstenweg als eines der besten Restaurants in Tirol. Dessen Chef Christian Burkia brachte Anfang der 1990er Jahre die Slow-Food-Idee nach Tirol.

73 Radio Freirad

Die Lizenz zu senden

Wir schreiben das Jahr 1991, Österreich hat – als letztes Land Europas – noch immer keine gesetzlichen Möglichkeiten geschaffen, private, also nicht staatliche, Radios zu betreiben. Piratensender unterwandern das System, in Innsbruck sendet Radio Radiator und schließt sich mit anderen zum Verband der Freien Radios zusammen. 1993 sucht der mittlerweile gegründete Verein Freirad um eine Regionallizenz für Tirol an, erhält jedoch keine.

Beim neuerlichen Anlauf 1997, diesmal geht es um eine Lokalradiolizenz für den Großraum Innsbruck, schaut Freirad wieder durch die Finger. Zwei Jahre später gibt es anlässlich der »Radiotage Innsbruck« eine »Ereignisradiolizenz«, und Freirad sendet auf 105,9 MHz. Am 5. September 2001 erhält der Sender schließlich die Lizenz zu senden – zunächst auf zehn Jahre befristet.

Zu diesem Zeitpunkt hat der alternative Radiosender seine Räumlichkeiten in der Angerzellgasse, später übersiedelt er in die Höttinger Gasse – seit einigen Jahren hat Radio Freirad seinen Sitz nun in einem Stöcklgebäude in der Egger-Lienz-Straße, mit ausreichend Räumlichkeiten und guter technischer Ausstattung. Längst sind die Sendungen auch als Livestream im Internet und im Kabelnetz (88,8 MHz) zu empfangen. 2013 verdoppelt der Sender seine Sendeleistung, im Jahr darauf kommen mit Inzing und Wattens zwei neue Sendestationen dazu, wodurch die Programme von Telfs bis Schwaz zu hören sind, auf der Autobahn darüber hinaus bis Ötztal Bahnhof, Jenbach und Nößlach im Wipptal.

Radio Freirad hat sich von einem für alle offenen Radiosender hin zu einem Kultur- und Bildungskanal entwickelt, der von Montag bis Freitag regelmäßig sendet. Seit 2011 verfügt der nach wie vor nicht kommerzielle Sender über eine eigene Ausbildungsschiene für Interessierte. Der ehemalige Piratensender ist solide geworden und eine echte Alternative zu anderen Radiosendern im Großraum Innsbruck.

Adresse Egger-Lienz-Straße 20, 6020 Innsbruck-Wilten | **ÖPNV** Tram 1, STB, Bus T, Haltestelle Westbahnhof | **Öffnungszeiten** Mo – Do 10 – 14 Uhr, Besichtigung auf Anfrage, Kontakt wir@freirad.at | **Tipp** Unweit von Radio Freirad befindet sich die Zentrale der Kaffeerösterei Unterberger. Deren Logo, ein Schiff mit großen windgeblähten Segeln, prangt noch heute in der Innsbrucker Altstadt, wo sie früher ein Geschäft besaß.

74_Regina Textiles

Klacker-di-klack macht der Webstuhl

Die leer stehende Handweberei in Igls war ein Glücksgriff für Regina Knoflach. Kein anderes Gebäude hätte besser zu dem gepasst, was immer schon ihre große Leidenschaft war: Weben, Filzen, Spinnen. 2012 begann sie eine Ausbildung zur Handweberin in der Schweiz, da es hierzulande keine mehr gibt.

Wie Faden für Faden ein Gewebe wächst, das fasziniert Knoflach und interessiert jeden, der sie in ihrer kleinen, liebevoll eingerichteten Werkstatt mit Verkaufsraum in Igls besucht. Das Geschäft ist einladend dekoriert, und man verliebt sich sofort in Reginas feine Textilarbeiten – Tischläufer, Servietten, Hand- und Saunatücher, Necessaires, flauschige Schals und Stolas, handgefärbte Wolle und Filzarbeiten, wunderbar anzufassen. Knoflach fertigt Auftragsarbeiten und ist bei einschlägigen kunsthandwerklich ausgerichteten Messen und Ausstellungen vertreten. Wer sein eigenes Tuch weben will, bekommt bei Regina Knoflach die Gelegenheit, wer ein einzigartiges Stück verschenken will, ist bei ihr richtig.

Klacker-di-klack macht es im Raum hinter dem Schauraum, wenn Regina Knoflach dabei ist zu weben. In einem weiteren Raum steht ein weiterer Webstuhl; an diesem kann man auf Anfrage sein eigenes Gewebe herstellen. Während das Weben selbst eine sehr meditative Beschäftigung ist, ist das Aufziehen der Kettfäden echte Geduldsarbeit, dauert mehrere Stunden, oft Tage, und jeder Fehler wird später im Gewebten sichtbar. Alle Stoffe sind handgewebt, entsprechend lange dauert der Produktionsprozess, entsprechend intensiv ist er. Als Ausgangsmaterial dienen der Tuchmacherin Wolle, Leinen, Halbleinen, und sie liebt warme, gedeckte Töne, die zeitlos und edel wirken.

Es freut sie, wenn Menschen sich für dieses traditionsreiche Handwerk interessieren, mit besonderen Wünschen kommen und sie ganz individuelle Dinge anfertigen kann. Die alte Handweberei ist der perfekte Rahmen dafür.

Adresse Bilgeristraße 10, 6080 Innsbruck-Igls | **ÖPNV** J, Haltestelle Ortsmitte oder alte Patscherkofelbahn | **Öffnungszeiten** Mo–Fr 9–13 Uhr oder nach Vereinbarung, Kontakt r.knoflach@gmail.com | **Tipp** Die »Igler«, wie die seit 1900 zwischen Innsbruck und Igls verkehrende Mittelgebirgsbahn liebevoll genannt wird, hat völlig zu Unrecht Auslastungsprobleme. Die Strecke ist immer eine Fahrt wert.

75 Der Reichenauer Gutshof

Die Stadt als Landwirt

Der Grünstreifen, der sich von der Hirschberggasse vorbei an der Auferstehungskirche Richtung Osten bis zur Roßbachstraße erstreckt, ist eine Oase von hoher Aufenthaltsqualität in der Reichenau, die auch sonst an Grün nicht arm ist.

Benannt ist diese Grünanlage nach dem Gutshof, den die Stadt Innsbruck bis in die 1950er Jahre hinein betrieb und der sich etwa im Bereich Reichenauer Straße / Radetzkystraße befand. Die Geschichte des Gehöfts geht ins 15. Jahrhundert zurück, es diente der Versorgung des landesfürstlichen Hofs. Als die Tiroler Linie der Habsburger 1665 ausstarb, wurde er verkauft und wechselte mehrmals den Besitzer, bis 1902 Innsbruck den landwirtschaftlichen Betrieb kaufte, primär um die Milchversorgung der Stadt sicherzustellen.

In den Kriegs- und Nachkriegsjahren half die Produktion auf den stadteigenen Feldern, die Versorgungsengpässe zu dämpfen. Als 1925 der Beschluss fiel, in der Reichenau ein Flugfeld zu errichten, wurden 15 Hektar landwirtschaftlicher Grund abgezwackt. Um das Gras weiter verwerten zu können, entschieden sich die Stadtoberen für eine Rasenpiste und errichteten die ersten Grünfuttersilos Tirols. 1936/37 verknappte sich der Grundbesitz noch einmal zugunsten der Eugenkaserne.

War der Großteil der Reichenau Anfang der 1950er Jahre – bis auf Flughafen, Bocksiedlung und Villen westlich der Kravoglstraße – noch unbebautes Grünland, sollte sich das nun rasant ändern. Aufgrund der extremen Wohnungsnot startete die Stadt eine Wohnbauoffensive, die sie in der Reichenau in mehreren Etappen umsetzte. Die Übersiedlung des Flughafens in die Höttinger Au setzte große Flächen frei. Nachdem auf großen Teilen der ehemaligen Felder Neubauten entstanden waren, wurde schließlich Ende der 1960er Jahre der historische Gutshof abgerissen, sodass heute nur noch der Gutshofweg an diesen über Jahrzehnte so wichtigen Nahrungsmittellieferanten erinnert.

Adresse Gutshofweg, 6020 Innsbruck-Reichenau | **ÖPNV** Bus O, R, Haltestelle Pauluskirche oder Roßbachstraße | **Tipp** Die Auferstehungskirche der Evangelischen Pfarrgemeinde am Gutshofweg wurde zwischen 1962 und 1964 nach Plänen des Architektenpaars Charlotte und Karl Pfeiler errichtet – mit prägnantem Rhombendach und frei stehendem Campanile.

76__Das Relief

Mit Pferdestärken die Mauer hoch

Mit Büroartikeln hat das Relief über dem Eingang des Hauses Leopoldstraße 4 nichts zu tun. Und die meisten, die ein und aus gehen, nehmen es wohl gar nicht wahr. Dabei ist es ein direkter Verweis auf die ehemalige Nutzung des Gebäudes.

Seit den 1930er Jahren hatte das Autohaus Linser hier eine Niederlassung. Gegründet wurde das Unternehmen von Anna und Eduard Linser, die zunächst ein Uhrmachergeschäft in der Müllerstraße betrieben, daneben aber bereits Autoreparaturen durchführten. 1907 erwarben sie das Haus Leopoldstraße 18, das zum Hauptsitz des Familienunternehmens werden sollte. Das hinter der Straßenflucht errichtete Gebäude nahe der Triumphpforte bot sich als Zweigniederlassung an, immerhin hatte hier schon zuvor ein Kraftfahrzeugmechaniker eine Werkstätte unterhalten. Das 1840 errichtete Gebäude erfuhr mehrere Eingriffe.

1913 kam ein etwas zurückgesetzter Anbau im Heimatstil dazu, versehen mit dreiseitigem Erker und loggienartigen Korbbogenöffnungen im Obergeschoß. Diese sind abgestimmt auf die großen Rundbogenportale im Erdgeschoß. Das mittige Tor weist ein schräg ansteigendes Gesims auf, das gleichzeitig die Straße andeutet. Dadurch entwickelt sich die Dynamik auf dem Relief: Das Auto ist auf Bergfahrt. Hinter dem Gefährt erhebt sich eine Gebirgslandschaft, und in den Zwickeln findet sich ein stark stilisierter Wald – besonders markant im rechten Bereich.

An der Leopoldstraße 2 steht das in den 1950er Jahren nach Plänen von Hubert Sterzinger neu gebaute Autohaus Linser. Mit seinen abgerundeten Ecken an der Frontseite und den schlichten klaren Formen nahm es bei seiner Errichtung Bezug auf das gegenüberliegende Café Greif von Lois Welzenbacher, das 1976 abgerissen wurde, und steht mittlerweile unter Denkmalschutz. Als das Autohaus Linser Ende der 1960er Jahre an die Haller Straße zog, wurden die Gebäude neuen Nutzungen zugeführt. Das Relief ist geblieben.

Adresse Leopoldstraße 4, 6020 Innsbruck-Wilten | **ÖPNV** Bus H, R, F, TS, Tram STB, 3 Haltestelle Triumphpforte | **Tipp** Unter den Eckerkern des Hotels Goldene Krone ist auf der Seite Maximilianstraße der Grenzstein von 1745 eingemauert – er markierte die Grenze zwischen Stadtgericht Innsbruck und Hofmarkgericht Wilten.

77 Der römische Meilenstein

Wo die Römer ihrer Wege gingen

Der Schneidergang in Stift Wilten ist ein höchst meditativer Ort. Im Zuge der Renovierung und Neugestaltung des Gangs 2012 wurde ein römischer Meilenstein restauriert, der nun als visueller Angelpunkt fungiert. Er steht für die Frage: Welche Meilensteine hat das Leben eines Prämonstratensers? Welche hat das Leben des Betrachters?

Die fast weiße Marmorsäule besteht aus zwei Teilen, ergänzt durch einen Sockel, der die Inschriften fast auf Augenhöhe hebt. Der Text ist in Latein und in der deutschen Übersetzung nachzulesen. Als Errichter der Straße werden der römische Kaiser Septimus Severus (146–211 nach Christus) und sein Sohn und Nachfolger Caracalla (188–217 nach Christus) genannt. Ihre Meilensteine waren territorialer Natur.

Septimus Severus trieb die Straßenbaumaßnahmen in den damaligen Provinzen Noricum und Rätien (sie umfassten unter anderem große Teile des heutigen Österreichs) voran, da er einen Feldzug gegen den in Gallien weilenden Clodius Albinus plante, der eine Art Gegenkaiser war. Gut ausgebaute Verbindungen waren Voraussetzung, um die Truppen rasch voranzubringen. Caracalla ließ die Inschrift 215 nach Chr. erneuern, mit seinem Namen und seinen Titeln ergänzen und die Brennerroute ausbauen. Diese gewann gegenüber der bis dahin zentralen Via Claudia Augusta über den Reschen an Bedeutung.

Der Meilenstein ist somit ein wichtiges Zeugnis für den Ausbau dieser Nord-Süd-Route Ende des zweiten, Anfang des dritten Jahrhunderts nach Christus. Da das untere Ende der Stele fehlt, fehlt auch die Entfernungsangabe zur Provinzhauptstadt Augsburg (Augusta Vindelicum), womit der genaue Aufstellungsort nicht angegeben werden kann. Gefunden wurde er im 18. Jahrhundert bei Schönberg und dürfte sofort ins Stift Wilten gebracht worden sein. Dort fristete er ein Schattendasein, bis er im Zuge der Restaurierung des Schneidergangs einen würdigen Aufstellungsort erhielt.

Adresse Klostergasse 7, 6020 Innsbruck-Wilten | ÖPNV Tram 1, 6, Haltestelle Bergisel/ Tirol Panorama | Öffnungszeiten Besichtigung auf Anfrage, Kontakt info@stift-wilten.at | Tipp Die Stahlskulptur auf dem Platz vor der Stiftskirche zeigt den heiligen Norbert, wie er vom Pferd stürzt. Sie stammt vom Bildhauer Christian Moschen. Die Textinstallation an der nördlichen Mauer gibt einen Ausschnitt aus Martin Bubers »Eine Bekehrung« wieder.

78 Das Sankt-Bartlmä-Kirchlein

Von Bomben zerstört und wiederaufgebaut

Die Lage war einst malerisch – rundum fast nur Wiesen und Felder. Heute ist der kleine runde Sakralbau mit dem Kegeldach versteckt zwischen großen Industriebetrieben, die unmittelbar an die kleine Oase anschließen, auf der das Vereinshaus der Schützenkompanie und das Sankt-Bartlmä-Kirchlein stehen. Zu erreichen ist es über die Straße südlich des Stifts Wilten.

Der romanische Rundbau ist theoretisch einer der ältesten Sakralbauten Innsbrucks, wurde um 800 errichtet, 1275 erstmals schriftlich erwähnt und gehört zum Stift Wilten. Seine Lage wurde ihm zum Verhängnis: Als im Zweiten Weltkrieg die nahen Bahnanlagen bombardiert wurden, wurde das Kirchlein bis auf die Grundfesten zerstört. Einige Originalteile konnten aus dem Schutt geborgen werden, darunter das Sandsteinrelief, das sich heute wieder über dem Eingangsportal findet, zwei Wandbilder und einige Schildsteinfragmente. Es sollte viele Jahre dauern, bis das Kirchlein in altem Glanz erstrahlte.

Am Wiedererstehen waren unter anderem die Wiltener Schützen beteiligt, die ihre Vereinsräumlichkeiten seit 1973 in einem vom Stift Wilten auf dem Gelände errichteten Gebäude haben. In Kooperation mit dem Bundesdenkmalamt und anhand von alten Abbildungen sowie historischen Baubeschreibungen bauten die freiwilligen Helfer den Sakralraum originalgetreu wieder auf, was in Fachkreisen durchaus kritisch gesehen wurde. Bei der Rekonstruktion des Gewölbes integrierten sie die aus dem Schutt geretteten Schlusssteine, Konsolenköpfe und Rippenschilde. Die beiden Freskofragmente verblieben weiter im Stiftsmuseum. 1982 fand die Einweihung des neuen alten Sankt-Bartlmä-Kirchleins statt. Der kleine, aber äußerst prägnante Sakralbau ist Namenspatron des Gewerbegebiets zwischen Sillufer und Klostergasse und der 2014/15 südlich der Olympiabrücke errichteten neuen Sillbrücke. Sie verbindet das Gewerbegebiet mit dem Südring.

Adresse Sankt Bartlmä 5, 6020 Innsbruck-Wilten | **ÖPNV** Tram 1, 6 Haltestelle Stift Wilten | **Öffnungszeiten** Besichtigung innen nur auf Anfrage, Kontakt info@stift-wilten.at | **Tipp** Die Geschichte der Innsbrucker Ritterspiele geht bis ins 18. Jahrhundert zurück. Seit 1958 ist – bis auf vernachlässigbare Unterbrechungen – das Bierstindl die Heimat dieser Laienbühne, ihr bekanntestes Stück »Der schurkische Kuno von Drachenfels«.

79 Das Scheibenstutzenschießen

Alte Tradition am Höttinger Schießstand

Die Oberschützenmeisterin der Schützengesellschaft Hötting heißt Regina Vanicek, und sie lenkt die Geschicke des Vereins. Vier Mal im Jahr gibt es Schießbewerbe, einmal im Jahr das Scheibenstutzenschießen. Diese Besonderheit führt Sportschützen aus nah und fern zum Schießstand in Hötting. Dabei ist der Schießstand für sich schon einen Ausflug wert. Von 1829 bis 1929 stand er noch am Ende der Schießstandgasse, dann verlegten die Sportschützen ihn weiter nach Westen. Heute ist das Gebiet rund um den ehemaligen Standort dicht verbaut, Schießen – gar im Freien – wäre nicht mehr möglich. Am Ende des Schwabeneckwegs sind die Bedingungen ideal. Der Schießstand auf der einen Hangkante, das Ziel gegenüber, dazwischen eine Mulde, drum herum nur Wiesen und Wald. Trotzdem wird großräumig gesperrt, in der Gegend sind viele Wanderer unterwegs.

1985 hat der damalige Oberschützenmeister Hans Gatz das Scheibenstutzenschießen wieder eingeführt. Seither findet es immer am 1. Mai statt; es kommen Schützen aus ganz Tirol, Südtirol und Bayern. Die Besonderheit: Geschossen wird auf große Distanz (134 Meter beziehungsweise 150 Schritte) und mit historischen Waffen. Deren Handhabung will gelernt sein, allein der Rückschlag könnte einen umhauen. Zudem stellen die Schützen ihre Munition selbst her. Das erfordert Erfahrung, Genauigkeit und Konzentration. Sicherheit ist oberstes Gebot, Disziplin heißt das Zauberwort für junge wie für altgediente Mitglieder der Schützengilde Hötting, die derzeit 46 Mitglieder zählt, zwei Drittel sind Männer. Offen ist der Verein aber für alle, die sich für diesen Sport ernsthaft interessieren.

Mit Olivia Hofmann kommt eine der großen Nachwuchshoffnungen Österreichs in der Disziplin Sportschützen aus der Schützengesellschaft Hötting. Bei der Sommerolympiade 2016 in Rio de Janeiro schrammte sie knapp an einer Medaille vorbei.

Adresse Schwabeneckweg 7, 6020 Innsbruck-Hötting | **ÖPNV** Bus H, Haltestelle Brandjochstraße | **Öffnungszeiten** bei Schießbewerben und auf Anfrage zugänglich, Kontakt sghoetting@aon.at | **Tipp** Der Burenwirt ist ein traditionsreiches und sehr beliebtes Höttinger Gasthaus.

80 Die Scheuchenstuel'sche Stiftung

Das erste Waisenhaus Innsbrucks

Mit Hartnäckigkeit und Überzeugungskraft schaffte es Josefine von Scheuchenstuel (1811–1887), ein kleines Vermögen zu »erbetteln«. 1869 erwarb sie damit das ehemalige Studentenheim des Jesuitenkonvikts Ecke Museumstraße/Meinhardstraße und richtete hier ein Heim für Waisenmädchen ein – und damit das erste Waisenhaus Innsbrucks. Sechs Jahre später gründete Scheuchenstuel die Stiftung »Mädchen-, Waisen- und Erziehungshaus unter dem Schutz des Heiligen Josef«, die der Einfachheit halber als Scheuchenstuel'sche Stiftung bezeichnet wurde, und leitete diese bis zu ihrem Tod.

Die Mädchen erhielten Unterricht und wurden zu Dienstboten ausgebildet, ein Beruf, der ihnen ein regelmäßiges Einkommen und ein Dach über dem Kopf sichern sollte. Neben Mädchen kamen Burschen bis zum sechsten Lebensjahr im Waisenhaus unter. In der NS-Zeit wurde die Stiftung aufgelöst, die Liegenschaft fiel an die Gemeinde Innsbruck. Nach dem Zweiten Weltkrieg erfolgte die Wiedergründung der Stiftung und die Restitution von Grundstück und Gebäude. In späteren Jahren sollte sich der Schwerpunkt der Stiftung vom Mädchenheim hin zu einem Heim für Schülerinnen entwickeln.

1979 wurde das baufällige Haus abgerissen und ein neues, kleiner dimensioniertes Gebäude auf dem heutigen Gelände errichtet. Es bot nun Platz für rund 80 Schülerinnen der Oberstufe, vorwiegend aus dem ländlichen Raum, die in Innsbruck Schulen besuchten. 1994 übernahm die Stiftung zudem die Kindervilla Kravogl in der Kravoglstraße, die älteste Kinderkrippe Tirols.

Längst ist das Gebäude der Scheuchenstuel-Stiftung rundum verbaut, wohl mit ein Grund, warum sie in der Öffentlichkeit kaum wahrgenommen wird. Das Bildnis der Stifterin Josefine von Scheuchenstuel hängt im Foyer. Es strahlt Ruhe aus und Ernsthaftigkeit.

Adresse Museumstraße 32a, 6020 Innsbruck-Innenstadt | **ÖPNV** Bus R, M, H, 504, Haltestelle Meinhardstraße | **Öffnungszeiten** Besichtigung auf Anfrage, Kontakt buero@scheuchenstuel.at | **Tipp** Der ehemalige Inhaber des winzigen Kebapstands in der Museumstraße 30, Hasan Yilmaz, war der erste türkischstämmige Abgeordnete im Tiroler Landtag.

81__Selles Bar

Cocktails schlürfen in Upcycling-Ambiente

Für eine Bar, die Wohnzimmer sein will, ist die Lage ideal. Raus aus der Uni, über die Brücke und rein ins Selles – das geht in weniger als fünf Minuten. Und die Einrichtung lädt tatsächlich dazu ein, sich sofort in einen der gemütlichen Ohrensessel zu schmeißen und ein Buch zu schnappen, oder einfach beim Fenster hinaus auf die stark befahrene Straße zu schauen, wie auf eine Theaterbühne, aber ohne Ton. Wer es geselliger mag, setzt sich auf die Bank mit der Fensterfront im Rücken oder gleich an die Bar.

Der Name des Lokals ist rasch erklärt: »Selle« ist der Spitzname von Selcuk Coskun, der es 2010 eröffnet hat. Er wollte etwas ganz Spezielles, eine unkonventionelle Bar, in der sich die Gäste wie zu Hause fühlen. Nach dem Motto »Selles Wohnzimmer – Wohlfühlen und Neues entdecken« richtete er die Bar ein. Die Lampen stammen aus Marokko, die Fliesen der Bar aus der Türkei. Die meisten Einrichtungsgegenstände sind Secondhand oder von Johannes Münsch entworfen, der sich auf das Upcycling von Möbeln spezialisiert hat. Dazu hat Selcuk Coskun ein eigenes Lichtkonzept entworfen, den Schriftzug des Selles entwickelte ein befreundeter Grafiker. Wenn er Zeit hat, und nicht gerade als Model um die Welt tingelt, werkt Selle gern selbst in seiner Bar. Er findet immer wieder etwas, das er verändern möchte.

Was fix ist: »World Class Drinks, für World Class Guests« – was sozusagen das zweite Motto im Selles ist. Rund 80 Whiskys und 200 Spirituosen stehen dem »Mixologen« oder der »Mixologin« hinter der Bar zur Verfügung. Da lassen sich eine Menge Drinks kreieren. Man kann aber ebenso nur ein Bier trinken. Das Konzept kommt gut an, von Studenten bis Businessleuten ist im Selles alles vertreten.

Kommunikation ist Selcuk Coskun wichtig. Deshalb ist, auch wenn es nicht so scheint, alles im Lokal so angeordnet, dass jeder mit jedem Blickkontakt aufnehmen kann, wenn er will.

Adresse Fürstenweg 5, 6020 Innsbruck-Höttinger Au | ÖPNV Bus F, O, R, Tram 3, Haltestelle Fürstenweg | Öffnungszeiten Mo–Do 16–1 Uhr, Fr–Sa 16–2 Uhr | Tipp Das Machete Burrito Kartell in der Anichstraße trägt ebenfalls die Handschrift des Architekten Johannes Münsch und überzeugt mit feinen Upcycling-Möbeln sowie ausgezeichneten Burritos.

82 Das Siebenkapellen-Areal

Leerstand mit wechselvoller Geschichte

Es gibt ein paar Areale in Innsbruck, denen dringend zu wünschen ist, dass sich jemand um sie kümmert. Eines ist das Siebenkapellen-Areal, ein bemerkenswertes Ensemble, bestehend aus einer ehemaligen Kirche, zwei Lagergebäuden und einem großen umzäunten Hofbereich. Hier wäre vieles möglich, ein Kulturquartier zum Beispiel.

Errichtet wurde die Kirche in den Jahren 1583/84 als Grabeskirche im Auftrag von Erzherzog Ferdinand II. Rund ein Jahrhundert später verursachte ein Erdbeben derart massive Schäden, dass die Kirche neu gebaut werden musste – die Pläne dafür stammten von Johann Martin Gumpp dem Älteren. Im Grundriss wies sie eine Trapezform auf mit vorspringenden sogenannten Abseiten und einer Heiliggrabkapelle hinter dem Altar.

Unter Kaiser Joseph II. wurde die Kirche aufgelassen, profaniert und in ein Militärlager umgewandelt. In der ersten Hälfte des 19. Jahrhunderts kamen zwei Lagerhäuser dazu. Ab den 1980er Jahren standen die Gebäude leer. Die Kirche befand sich zu diesem Zeitpunkt in einem desolaten Zustand. Seiner barocken Fassadengliederung beraubt, bröckelte das Mauerwerk. Ende der 1990er Jahre wurde die barocke Fassade rekonstruiert und die Färbelung erneuert.

Danach fanden im Areal immer wieder Veranstaltungen statt, insbesondere im Kulturbereich. So kam 1994 der dritte Teil des spektakulären Dramas »Cross'In Circle« von Egon A. Prantl zur Aufführung. Zu Theaterproduktionen verschiedener Vereine kamen Lesungen und Ausstellungen. Interesse an einer längerfristigen Nutzung zeigten unter anderem die Waldorfschule und der Verein Brückenpfeiler, der Einrichtungen für Kinder und Jugendliche betreibt und hier eine Art Campus einrichten wollte. Letzthin befasste sich das Kunstprojekt »Verortete Geschichten« mit dem Areal – seither informiert eine kleine Infotafel an der Frontseite der Kirche über die Geschichte des Areals. Weiter ist nichts mehr passiert.

Adresse Kapuzinergasse 39, 6020 Innsbruck-Dreiheiligen | ÖPNV Tram 1, Haltestelle Messe/Zeughaus | Öffnungszeiten nur von außen zu besichtigen | Tipp Das Zeughaus, von Kaiser Maximilian I. Anfang des 16. Jahrhunderts als Waffenarsenal errichtet, ist eine Außenstelle der Tiroler Landesmuseen und beherbergt Ausstellungen zur Kulturgeschichte Tirols.

83 Der Soldatenfriedhof

Keine Frage des Glaubens

Der Soldatenfriedhof Amras, auch Militärfriedhof genannt, liegt neben dem Pradler Friedhof und ist der größte seiner Art in Tirol. Er steht unter Denkmalschutz und wird vom Schwarzen Kreuz betreut.

Angelegt während des Ersten Weltkriegs, nach dem Zweiten erweitert, sind hier fast 6.000 Soldaten unterschiedlicher Nationen entsprechend ihrer Herkunft beigesetzt. Zudem stehen auf dem Soldatenfriedhof Gedenksteine zur Erinnerung an die jüdischen Opfer der NS-Zeit und die Kriegsgefangenen, die im Arbeitslager Reichenau starben. Die Anlage gliedert sich in einen russischen, einen muslimischen, einen italienischen und einen Tiroler Teil. Letzterer kam 1984, nach der Auflassung des Soldatenfriedhofs in Stams, dazu.

Nach dem Eingang am Wiesenweg ragt ein Obelisk empor, dessen Abschluss ein Rundstern (Sowjetstern) bildet. Links davon liegt der muslimische Teil. Hier sind Soldaten aus Bosnien-Herzegowina beerdigt, die in der österreichisch-ungarischen Armee dienten und getötet wurden. Die einheitlich gestalteten Stelen sind nach Osten orientiert und je mit einem roten Fez und einer stilisierten schwarzen Quaste versehen. Benannt ist diese traditionelle Kopfbedeckung in Form eines Kegelstumpfs mit flachem Deckel nach der Stadt Fes in Marokko. An der Frontseite stehen auf kleinen Tafeln die Namen der Gefallenen.

Im italienischen Teil gruppieren sich Steinkreuze um ein turmartiges Steinmonument, auf dessen Sockel steht: »Auf diesem Friedhofe ruhen / neben den Soldaten Italiens – 349 österreichische Soldaten, auf dem Felde der Ehre tapfere Gegner – doch Gefährten im Opfer – im Ruhme – im ewigen Frieden«. Auch auf Italienisch. Der Soldatenfriedhof Amras ist ein nachdenklich stimmender Ort und ein Ort, an dem man, so eigentümlich das klingen mag, Hoffnung schöpfen kann. Die hier beerdigten Menschen unterschiedlicher Nationalitäten und Glaubensbekenntnisse sind im Tod vereint.

Adresse Wiesengasse, 6020 Innsbruck-Amras | **ÖPNV** Tram 3, Haltestelle Philippine-Welser-Straße | **Tipp** Auf dem Pradler Friedhof ist Maria Ducia (1875–1959) bestattet. Die Politikerin setzte sich für das Frauenwahlrecht ein, war Mitbegründerin der sozialdemokratischen Frauenbewegung in Tirol und Abgeordnete zum Tiroler Landtag.

84 Spielraum Kochlokal

Ausprobieren, wie wir leben wollen

Von außen wirkt das Gebäude über dem MPreis in der Franz-Fischer-Straße unscheinbar. Früher war hier ein Kindergarten untergebracht, heute sind die zwei Stockwerke Ideenschmiede. Offene Beteiligungsstruktur, partizipative Nutzung, niederschwellig zugängliche Veranstaltungsformate – solche Anliegen charakterisieren Spielraum Kochlokal. Der Verein beherbergt mehrere Initiativen unter einem Dach – und steht allen offen, die sich für eine Gesellschaft der Zukunft interessieren und diese mitgestalten wollen.

Im ersten Stock, dem »Kochlokal«, befinden sich eine große Küche, eine multifunktionale Theke und ein großzügiger heller Veranstaltungsraum, von hier geht es auf eine Terrasse mit Dachgarten. Im Kochlokal spielt Esskultur eine zentrale Rolle. Viele Veranstaltungen drehen sich um den bewussten Umgang mit Lebensmitteln und gesunde Ernährung. Zudem ist das Lokal Plattform und Vernetzungsmöglichkeit für junge Künstler. Es finden Lesungen, Jamsessions, Diskussionsrunden und Workshops statt. Im Stock darüber befindet sich das »Fablab«, eine Hightech-Werkstatt, die unter anderem mit einem 3-D-Drucker, einer CNC-Fräse und einem Laser-Cutter ausgestattet ist. Wer Mitglied ist, kann sie nutzen. In der Werkstatt wurden viele der Möbel designt, die dem Kochraum seine besondere Atmosphäre geben, die Lampen zum Beispiel, der Thekenblock oder die Regale.

Viele helfende Hände waren im Spiel, um die Räumlichkeiten als Kultur-, Begegnungs- und Zukunftsort zu gestalten, eröffnet wurde Spielraum Kochlokal im Sommer 2016. Viele halfen und helfen ehrenamtlich, was möglich ist, wird selbst gemacht. Von außen betrachtet, ist Spielraum Kochlokal vielleicht ein unscheinbares Gebäude, innen aber werden Ideen geschmiedet und Konzepte erstellt. »Wie wir leben wollen« ist nicht nur der Titel einer Veranstaltungsreihe im Spielraum Kochlokal, es ist das Programm dieser Initiative.

Adresse Franz-Fischer-Straße 12, 6020 Innsbruck-Wilten | **ÖPNV** Bus M, TS, 505, 590, Haltestelle Kaiserschützenplatz | **Öffnungszeiten** Spielraum Kochlokal je nach Programm, Spielraum Fablab Do 9–18, Fr–Sa 9–21 Uhr, Kontakt office@spielraumfueralle.at (www.spielraumfueralle.at) | **Tipp** Ledermode nach Maß, von der traditionellen Lederhose über den Tiroler Ranzen bis zu Spezialanfertigungen, gibt es bei Petra Nuener von PeNa Design in der Leopoldstraße.

85 Der Sprungturm

Kein Köpfler mehr möglich

Er war sieben Meter hoch und bis zum Umbau in den 1980er Jahre die Attraktion des Amraser Hallenbads: der Sprungturm. Dann hatte er ausgedient. Nicht, weil er nicht mehr funktionstüchtig gewesen wäre. Nein, schnöder: An die Stelle des in diesem Bereich rund 4,5 Meter tiefen Beckens kam ein niedrigeres Nirostabecken. Und das war schlicht zu wenig tief, um weiterhin spektakuläre Köpfler zu wagen.

Während der niedrigere Turm daneben demontiert wurde, blieb das Gerüst des großen erhalten und erhielt eine neue Funktion als Aufgang zur Galerie, die an der Nordseite geschlossen wurde. An die Stelle des Sprungbretts trat eine große Uhr. Nur Menschen, die das Bad schon damals kannten, wissen noch um die ehemalige Bedeutung des jetzigen Uhrturms. Was noch weniger wissen: Reste des früheren Beckens sind noch erhalten, allerdings nicht zugänglich, weil sich direkt unter dem neuen Becken die technischen Anlagen befinden. Dafür erstrahlt das große Hallenbad – bis auf den Sprungturm – seit Kurzem wieder in altem Glanz.

Im Zuge der neuerlichen Renovierung, bei der einige Bereiche neu organisiert und Saunabereich sowie Sanitäranlagen adaptiert wurden, erhielt die Schwimmhalle im Wesentlichen ihr ursprüngliches Gesicht wieder. Der historische Teil des 1929 eröffneten Amraser Hallenbads steht nämlich unter Denkmalschutz. So ziert wieder eine dezente blaue Fliesenleiste das Becken, und das Geländer der Galerie erstrahlt in der ursprünglichen Farbe. Ein Leichtes, sich in die damalige Zeit versetzt zu fühlen – vor allem beim Rückenschwimmen mit der plastisch gestalteten Decke im Visier.

In seinen Anfängen besaß das Schwimmbad einen Paternosteraufzug, den ersten in Westösterreich. Er verband Hallenbad mit Galerie und Dachterrasse. Diese Funktion übernimmt heute ein Personenlift – allein die riesige Sonnenterrasse mit Rundumblick auf die Innsbrucker Berge ist einen Besuch wert.

Adresse Amraser Straße 3, 6020 Innsbruck-Pradl | ÖPNV Bus C, F, Tram 3, Haltestelle Leipziger Platz | Öffnungszeiten Mo, Di, Fr 9–21 Uhr, Do 8–21 Uhr, Sa 9–20 Uhr, So 10–20 Uhr, Mittwoch geschlossen | Tipp Gleich hinter dem Amraser Hallenbad befindet sich die Kunst- und Architekturschule bilding für Kinder und Jugendliche. Das Gebäude wurde von Architekturstudenten geplant und umgesetzt.

86_SPURart

Mit selbst gebautem Brettl auf die Piste

Bretter, die die Welt bedeuten – das heißt für Wintersportler etwas anderes als für Kulturinteressierte, nämlich Skier oder Snowboard. Solche Bretter selbst zu bauen, war die Grundidee für die Gründung von SPURart, das als private Initiative begann und nun ein kleines Unternehmen ist. Es befindet sich in einer ehemaligen Metzgerei in der Höttinger Gasse. Wer sich in der weitläufigen Werkstatt umschaut, findet noch viele Hinweise auf die frühere Funktion: Fleischhaken an der Wand zum Beispiel, Beförderungsgestänge für die Tierkörper an der Decke oder eine alte Waage ganz hinten auf einem Tisch.

Die kühle Atmosphäre schien den Firmengründern Michael Freymann und Peter Pfeifer genau das Richtige, als sie auf der Suche nach geeigneten Räumlichkeiten für ihre Werkstatt waren, um darin auf Bestellung Skier und Snowboards in Kleinserien herzustellen und Workshops anzubieten, bei denen Interessierte ihre individuelle Unterlage für die Piste fertigen können. So oder so: Jedes Brett, das diese Werkstatt verlässt, ist echte Handarbeit.

Selbstbauer geben vorher ihre Wunschvorstellungen bekannt, die beiden bereiten dann alle notwendigen Teile für den Workshop vor – eine Art Bausatz mit individuell festlegbarem Design. Das Konzept ist aufgegangen, die Teilnehmer kommen aus aller Welt. Kein Wunder: Da die SPURart-Brettln auf die Nutzung, die Körpergröße und das Gewicht des Fahrers abgestimmt sind, sitzen sie wie ein Maßanzug. Was das Design anbelangt, darf die Phantasie spielen – zu den bisher schrägsten Ideen zählen eine Oberfläche mit Laugenstangerl-Muster und eine aus Lustenauer Spitze.

An den Workshop-Wochenenden gern in Betrieb ist der Ofen, in dem bereits zu Metzgers Zeiten der Fleischkäse brutzelte. Die Umgebung ist nicht gerade gesegnet mit Lokalen und eine Stärkung immer willkommen, bevor jeder mit seinem Brettl oder seinen Brettern unterm Arm die Werkstatt verlässt.

Adresse Höttinger Gasse 26, 6020 Innsbruck-Sankt Nikolaus | **ÖPNV** Bus J, H, Haltestelle Höttinger Kirchplatz | **Öffnungszeiten** Besichtigung nach Vereinbarung, Infos zu den Kursen auf www.spurart.at, Kontakt info@spurart.at | **Tipp** Gleich um die Ecke befindet sich die Werkstattcouch, eine Gemeinschaftswerkstatt für Handwerker, Designer und Bastler. Mittwochs und samstags stehen die Gerätschaften Bastlern im Rahmen des »offenen Werkraums« zur Verfügung.

87_Die Stastny Bürsten

Bürsten gar nicht borstig

In der Innsbrucker Altstadt herrschen die Souvenirläden mit Krimskrams aus Plastik und Kunstfaser vor. Doch es gibt sie noch, die alteingesessenen Geschäfte, die jeder Altstadt – über deren baukünstlerischen Wert hinaus – Charme verleihen und Menschen dazu bringen, durch die Gassen zu flanieren. Das den historischen Schriftzug »Tiroler Wachszieher und Lebzelter« tragende der Seifenfabrik Walde in der Pfarrgasse ist so eins oder das Haushaltswarengeschäft Hans Sporer in der Seilergasse. Auch die Auslage von Stastny lässt einen innehalten: Bürsten für alle Gelegenheiten, von der Haar- über die Kleider- bis zur Spezialbürste, Kämme verschiedenster Formen und für verschiedenste Bedürfnisse, Haarspangen und Rasierpinsel. Ein Bürsten- und Borstenuniversum.

In fünfter Generation betreibt die Familie Stastny das Geschäft. 1886 kaufte Julius Waurisch eine Bürstenmacherwerkstatt in der Badgasse mit Verkaufsstand in einem Bogen westlich des Goldenen Dachls. Nach seinem Tod übernahmen die Witwe und deren Tochter den Betrieb. Letztere heiratete den Bürstenmachergesellen Josef Stastny. 1907 kam Sohn Josef zur Welt und trat in die Fußstapfen des Vaters.

Die Geschäfte liefen so gut, dass die Familie das Eckhaus Schidlachstraße 8 in Wilten und das Geschäftslokal unter den Lauben erwerben konnte. 1942 wurde Josef, der Vater der heutigen Inhaberin Sabine Stastny, geboren. Nach dem Krieg baute die Familie die Bürstenproduktion in der Schidlachstraße aus und erweiterte sukzessive das Sortiment. Wie in anderen Branchen setzten letztlich Billigprodukte aus Fernost dem traditionsreichen Unternehmen zu, 1990 stellte Stastny die Produktion in der Schidlachstraße ein. Nach dem Tod ihres Vaters übernahm zunächst die Mutter, 1999 schließlich Sabine Stastny selbst den Betrieb. Sie erweiterte das Sortiment um hochwertigen Haarschmuck – wie groß die Auswahl ist, zeigt schon ein Blick in die Auslage.

Adresse Herzog-Friedrich-Straße 15, 6020 Innsbruck-Altstadt | ÖPNV Bus A, M, O, J, C, TS, Tram 1, STB, Haltestelle Maria-Theresien-Straße | Öffnungszeiten Mo–Fr 10–18 Uhr, Sa 10–13 Uhr | Tipp Die Gästeliste des Hotels Goldener Adler ist mindestens so illuster wie die Geschichte dieses Hotels. Unter anderen nächtigten hier der Dichter Heinrich Heine, die Philosophen Albert Camus und Jean-Paul Sartre sowie Königin Silvia von Schweden.

88_Die Steinreliefs

Plötzlich unerwünscht und störend

Der Bergisel ist dermaßen ideologisch aufgeladen, dass einem die Freude daran vergehen könnte, den Hügel südlich von Innsbruck zu besteigen. Kaiserjägermuseum, Urichhaus, Tirol Panorama und die Statue eines grimmig dreinblickenden Andreas Hofer, der noch immer den Eindruck erweckt, hier oben höre alles auf sein Kommando.

Zuletzt hat das Tirol Panorama noch einmal die Festlegung auf 1809 einbetoniert. Dabei ist der Bergisel, abseits des Tiroler »Freiheitskampfs«, ein geschichtlich spannender Ort. Dass der Bergisel zum Beispiel einmal eines der beliebtesten Naherholungsgebiete Innsbrucks war, den Charme einer Promenade mit Restauration und Aussichtsplattform hatte, kann man fast nicht glauben, angesichts der vielen Busse, die heraufstoßen, ihre Passagiere ausspucken, um sie später wieder einzusammeln und den Hügel hinunterzustechen.

Südlich des mächtigen Hofers finden sich vier Skulpturen, die, gäbe es nicht eine Tafel, die auf sie hinweist, kaum jemand wahrnehmen würde. Es handelt sich um vier Steinreliefs, geschaffen vom Bildhauer Franz Ehrenhöfer. Sie stammen vom Kaiserjägerdenkmal in Bozen, das 1918 beinahe fertiggestellt war. Mit der Annexion kam Südtirol unter italienische Herrschaft, die Bauarbeiten begannen zu stocken. Ein Monument für Infanterieregimenter der Armee einer nicht mehr existierenden österreichisch-ungarischen Monarchie war alles andere als erwünscht. 1926 errichtete die faschistische Regierung acht Meter vom Kaiserjägerdenkmal entfernt das heute noch umstrittene Siegesdenkmal, zwei Jahre später fand dessen Einweihung satt.

Das Kaiserjägerdenkmal wurde 1927 abgetragen. Gerettet werden konnten die vier Skulpturen, die während des Zweiten Weltkriegs nach Innsbruck und auf den Bergisel transferiert wurden. Wie verloren stehen sie seitdem im Schatten Andreas Hofers, der noch immer den Eindruck erweckt, hier oben höre alles auf sein Kommando.

Adresse Bergisel, 6020 Innsbruck-Bergisel | **ÖPNV** Bus TS, Haltestelle Bergisel/Tirol Panorama | **Tipp** Von der Gloriette östlich des Kaiserjägermuseums aus hat man einen phantastischen Ausblick auf Innsbruck, besonders aber auf die dominante verkehrliche Infrastruktur.

89 Die Stiegenhausmusik

Feinheiten auf dem Treppenabsatz

Im zweiten Stock eines heruntergekommenen Gebäudes in einem Hinterhof in der Karmelitergasse haben die Künstler Daniela Span und Peter Warum ihr Atelier eingerichtet. Bei der Eröffnungsfeier stellten sie fest, dass das Stiegenhaus mit seinen rohen Betonwänden und dem Stahlgeländer eine ganz besondere Akustik hat, eine Akustik, die sich perfekt für kleine, intime Konzerte eignet.

Die Idee für die Stiegenhausmusik war geboren. Seither laden die beiden in unregelmäßigen Abständen Musiker ein, in diesem Stiegenhaus ein Konzert zu geben. Aufgrund des begrenzten Platzangebots sind es meist Solokünstler, sporadisch Duos, die wenig Equipment brauchen, denn ein Treppenabsatz muss als Bühne reichen. Verstärker sind nicht erwünscht. Die Zuhörer können ebenfalls nur in geringer Zahl teilnehmen, sitzen oder stehen auf den Stufen und lauschen. Das allein ist schon ein außergewöhnlich intimes Erlebnis. Gesteigert wird es noch durch den Umstand, dass sich weitere Akteure einbringen: die direkt hinter dem Gebäude vorbeiratternden Züge. Eine tatsächlich exklusive Erfahrung für die Musiker und für die Gäste. Denn die Geräusche können ganz unterschiedlich wirken. Manchmal sind sie wie nebenbei zu hören, manchmal drängen sie sich auf, manchmal werden sie Teil des Stücks – und so mancher Musiker integriert sie einfach in seine Darbietung. Das macht die Stiegenhausmusik, neben der schrägen Location, zu einer faszinierenden Klangerfahrung. Ganz zu schweigen davon, dass es Daniela Span und Peter Warum gelingt, junge Talente und Stars in ihr Stiegenhaus zu holen.

Der New Yorker Trompeter Peter Evans und die deutsche Cellistin Anja Lechner standen ebenso auf dem Treppenabsatz wie die Avantgarde-Jazzerin Ingrid Laubrock oder Dominik Dinkhauser, Fagottist bei den Wiener Philharmonikern. Und nach dem Konzert wird mit den Künstlern geplaudert bei einem Glas Wein oder einem Bier.

Adresse Karmelitergasse 21 (2. Hinterhof), 6020 Innsbruck-Wilten | ÖPNV Bus T, M, Haltestelle Graßmayrstraße | Öffnungszeiten bei Konzertveranstaltungen | Tipp Seit dem Umbau der Olympiabrücke ist Fußgängern der Blick von dort auf den Lokschuppen mit Drehscheibe verwehrt. Vom Stiegenhaus aus ist er gut zu sehen.

90_Die Straßenlampen

Sich neigen Richtung Heimat

Als das Tivoli-Stadion südlich des Südrings neu errichtet wurde, standen mit einem Schlag sieben Hektar Baugrund nördlich des Südrings zur Verfügung. Mit fast 500 Wohnungen sowie Wohn- und Pflegeheim, Kindergarten, Jugendzentrum, Geschäften, Büros, Restaurants, Grünanlagen und Spielplatz entstand zwischen Tivoli-Freibad und Sillufer ein eigener Stadtteil. Dass er gewachsen wirkt, hängt nicht zuletzt damit zusammen, dass verschiedene Architekten mit der Planung der einzelnen Gebäudekomplexe betraut wurden.

Sieben Kunstprojekte wurden im Rahmen von Kunst am Bau realisiert. Eines stammt vom in Berlin und Innsbruck lebenden Architekten und Künstler Robert Gfader. Es heißt »the other cities« und brachte dem Tivoli-Areal besondere Straßenlampen. Auf das Areal verteilt finden sich sieben originale Straßenlampen aus den sieben Partnerstädten Innsbrucks, von denen Freiburg im Breisgau die älteste und Krakau die jüngste ist. Dazu kommen Lampen aus Aalborg, Grenoble, Sarajewo und Tbilisi (Tiflis). Als letzte wurde Anfang 2011 die Leuchte aus New Orleans installiert.

Leicht zu finden sind sie nicht, obwohl alle unterschiedliche Farben, Formen und Größen aufweisen und – hat man sie erst einmal entdeckt – als markant wahrgenommen werden. Sie stehen genau genommen nicht einmal im Schatten der heimischen Lichtspender – die Krakauer zum Beispiel ist fast doppelt so hoch wie die Innsbrucker Leuchte, die Grenobler trägt mattes Rot, die Freiburger eine Art Helm. Trotzdem muss man sehr aufmerksam sein, um sie alle zu finden. Wo sie genau stehen, wird hier natürlich nicht ausgeplaudert. Nur so viel: Der Aufstellungsort entspricht der geografischen Lage der Städte zueinander und zu Innsbruck. Wer sie gefunden hat, erfährt nicht nur den Namen der Stadt und deren geografische Koordinaten, die Neigung der Lampe sagt dem Betrachter zudem, in welcher Richtung die Herkunftsstadt liegt.

Adresse Tivoli-Areal, 6020 Innsbruck-Pradl | ÖPNV Bus M, TS, Haltestelle Tivoli Süd, Bus J, TS, Haltestelle Tivoli | Tipp In der Hunoldstraße stellt das Start-up-Unternehmen AlpPine den Latschenlikör Zapfenstreich her. Der Vertrieb erfolgt unter anderem übers Internet und auf Märkten.

91__Die Teehütte

Ein Schwalbennest im Fels

Der Fels ist brüchig, porös und Steinschlag immer zu erwarten. Dennoch klebt die Teehütte wie ein Schwalbennest seit über 100 Jahren oberhalb des Rosnerwegs im Fels. Eine steile Holztreppe führt bis zu einem Absatz, dann ist Endstation – das Tor verriegelt, der Zaun hoch und mit Stacheldraht bewehrt. Zu viele haben schon versucht, hineinzukommen, es nicht geschafft und trotzdem großen Schaden angerichtet. Dabei ist in der Hütte nichts zu holen. Die Räume sind klein und nur mit dem Nötigsten ausgestattet: Holzbänke, Tisch, Ofen, Herd. Es gibt weder Wasser noch Strom. Von Wert ist nichts außer die Geschichte.

Errichtet wurde das Häuschen um 1904 von einem gewissen Christian Hosp, Walkmeister in der Lodenfabrik Weyrer an der Haller Straße. Er soll seine ganze Freizeit und sein Erspartes in den Bau und die Ausstattung des Häuschens investiert haben. Das Material trug er mit Kraxen hinauf. Ursprünglich hatte das Häuschen nur einen Raum, später kamen weitere hinzu. In der Stube und auf der Veranda verköstigte Hosp Freunde und Bergwanderer. Schließlich verkaufte er die Teehütte an einen Metzger, dann ging sie in den Besitz von Franz Innerhofer über, dem damals der Graue Bär in Innsbruck gehörte. Seine Nachfahren besitzen die Hütte heute noch und nutzen sie gern. Die Hüttenbücher, die es seit den 1920er Jahren gibt, erzählen von Familienfeiern, Herrenabenden, ausgelassenen Festen, Reparatur- und Baumaßnahmen – und von bekannten Persönlichkeiten, die schon hier waren, Rudi Wach etwa oder Hubert Prachensky. Die Familie hält die Teehütte in Schuss, repariert und erneuert. Zu tun gibt es genug. Nicht nur der brüchige Fels richtet immer wieder Schäden an, Vandalen machen den Hüttenbesitzern zu schaffen.

Dabei ist tatsächlich nichts zu holen, nicht einmal die Hüttenbücher. Das Wesentliche ist von außen zu sehen: eine Teehütte wie ein Schwalbennest im Fels.

Adresse Rosnerweg 158, 6020 Innsbruck-Mühlau | ÖPNV Bus A, 501, 503, Haltestelle Mühlau, Bus J, Haltestelle Theresienkirche, Bahn HBB, Haltestelle Hungerburg | Öffnungszeiten nur von außen zu besichtigen | Tipp Durch die wildromantische Mühlauer Klamm führt ein Steig. Es geht immer sportlich aufwärts, stets am Bach entlang und schließlich an der mächtigen Lawinenverbauung vorbei auf den Rosnerweg.

92_Die Teigrührmaschine

Der Konditor als Erfinder

Das Munding in der Altstadt kennt jeder, zumindest dem Namen nach. Immerhin ist es eines der ältesten Kaffeehäuser der Stadt. Schon 1803 bestand hier eine Zuckerbäckerei. Der 1857 aus der Bodenseeregion zugewanderte Johann Nepomuk Munding übernahm sie und brachte es zum Kammer- und Hoflieferanten. 1894 ging der Betrieb an Sohn Hans über. Heute ist mit den Geschwistern Almut und Christoph die fünfte Generation am Werk.

»Tirols älteste Konditorei« verdankt ihren unvergleichlichen Charme dem Interieur, in den 1930er Jahren vom Innsbrucker Architekten Franz Baumann gestaltet und von den Leuchten bis zu den holzgefassten Marmortischen im Originalzustand erhalten. Dazu ein Raum, der das Flair der 1960er Jahre atmet, und die zahlreichen Details, die einem bei genauerer Betrachtung auffallen: die schmiedeeisernen Laden des Speiseaufzugs zum Beispiel, die alte Faema-Kaffeemaschine und die fast antike Handkassa im Barbereich oder der Zündholzspender am Stiegenaufgang zu den Toiletten (die Damentoilette übrigens ein »Eyecatcher« in Rosa und Grün).

Die Kuchen und Torten, die Macarons und Pralinés im Munding sind ein Gedicht, die Marmeladen hausgemacht, der Kaffee selbst geröstet, das Eis selbst produziert – »das Feinste und Beste in selbsterzeugten Conditorei-Artikeln«, hieß es schon im 19. Jahrhundert. Hans Munding war ein Tüftler und trug den Familiennamen in die Welt: Er erfand die erste mechanische Teigrührmaschine. 10.000 Stück der »Alpina 2000« wurden verschickt, weiß Christoph Munding. Als das Patent auslief, fand das praktische Gerät sofort Nachahmer. So soll die bekannte Firma Kitchen Aid die Idee aufgegriffen haben.

Vielleicht ist irgendwo auf der Welt noch ein Original zu bewundern. In Österreich gibt es jedenfalls zwei. Eine von Mundings Teigrührmaschinen steht im Naturhistorischen Museum in Wien, die andere im Schaufenster ums Eck in der Schlossergasse.

Adresse Kiebachgasse 16, 6020 Innsbruck-Altstadt | **ÖPNV** Bus A, M, O, J, C, TS, Tram 1, STB, Haltestelle Maria-Theresien-Straße | **Öffnungszeiten** täglich 8–20 Uhr | **Tipp** In der Schlossergasse finden sich rechter Hand zwei Arbeiten des bekannten Innsbrucker Graffitikünstlers HNRX, darüber drei alte Bilder zu den Themen Obstpflücken, Obstverwertung in alter Zeit und in der Neuzeit.

93 Das Tierschutz-vereinsbecken

Damit die Pferde sich laben können

Es braucht nicht viel Phantasie, um sich vorzustellen, wie hart das Leben der Nutztiere früher war (und in Massenbetrieben heute ist), welch schwere Arbeit Zugtieren zufiel. Der Tierschutzgedanke hatte in seinen Anfängen die Nutztierhaltung im Visier und das Fuhrwesen besonders im Auge.

Es waren vornehmlich Pferde, die in der Landwirtschaft, im Gewerbe, im Transportwesen und in der Industrie zum Einsatz kamen. Der 1881 gegründete tirolisch-vorarlbergische Tierschutzverein setzte sich für eine bessere Versorgung und Behandlung der Tiere ein, zudem klärte er Tierbesitzer über die richtige Haltung und Pflege von Tieren aller Art auf. Thematisch war der Verein breit aufgestellt. Es ging um den sorgsamen Umgang mit gesunden und kranken Tieren, um eine vernünftige Geflügel- oder Bienenzucht. Nicht zu kurz kamen Informationen über Apparate, die Tiere möglichst schmerzfrei und rasch töteten.

Offensichtlich war die Versorgung der Tiere, die für das Transportwesen herangezogen wurden, nicht immer die beste. Der Tierschutzverein bemängelte außerdem, dass häufig gebrechliche und alte Tiere zum Einsatz kamen, die Tiere malträtiert wurden oder viel zu schwere Lasten aufgebürdet bekamen. Stellen, an denen viele Fuhrwerke zusammenkamen, waren in Innsbruck der heutige Beselepark und der Marktplatz, auf dem die Bauern ihre Waren feilboten. Damit die Tiere besonders in der heißen Jahreszeit ausreichend Flüssigkeit bekamen, errichtete der Tierschutzverein 1914 am Marktplatz einen Brunnen speziell für die Lastentiere. Der robuste Steinbrunnen steht immer noch dort, etwas abseits des Geschehens mittlerweile und seiner früheren Funktion beraubt. Markt findet schon lange keiner mehr statt. Der Platz ist Knotenpunkt des öffentlichen Personennahverkehrs. Der eine oder andere Fußgänger aber kühlt sich im Sommer die Stirn oder füllt seine Wasserflasche nach.

Adresse Terminal Marktplatz, 6020 Innsbruck-Innenstadt | **ÖPNV** Bus O, M, J, C, H, TS, 501, 502, 503, Tram 1, STB, Haltestelle Terminal Marktplatz | **Tipp** Die Markthalle ist eine gelungene und – speziell am Samstag – intensiv besuchte Kombination aus Feinschmeckerständen, Bauernmarkt und Gastronomie.

94_Die Tischlermeisterin

Wo Späne fliegen

Das Weyrer-Areal ist eine der bedeutenden historischen und eine der wenigen erhaltenen gründerzeitlichen Industrieanlagen Innsbrucks. Durch das weitläufige Gelände zu spazieren, ist schon ein Erlebnis. Seit vielen Jahren sind hier Ateliers und Werkstätten unterschiedlicher Branchen untergebracht, gilt die »Weyrer-Fabrik« als ein Ort der Kreativität, der Inspiration, der Entwicklung. Künstler, Fotografen, Handwerker arbeiten Tür an Tür und treffen sich auf einen Plausch in den Innenhöfen.

Die Tischlerin Johanna Maria Graf schätzt die günstige Miete, das anregende Ambiente, den Austausch. Mit einem weiteren Berufskollegen hat sie sich bei einem Tischler eingemietet. Jeder arbeitet für sich, bei größeren Aufträgen arbeiten sie zusammen. Der Vorteil: Die Kosten sind überschaubar, trotzdem ist die Tischlerei mit allen notwendigen Maschinen ausgestattet, um jeden Auftrag annehmen zu können.

In der großen hellen Werkstatt duftet es intensiv nach Holz, leichter Holzstaub tänzelt in der Luft, durch eine Tür geht es in einen schattigen Innenhof, darunter schießt der Bach vorbei, neben der guten Verkehrsanbindung einst der Grund, warum sich hier Textilbetriebe angesiedelt haben.

Graf hat Architektur studiert, bevor sie die Ausbildung zur Tischlerin begann. Die Meisterprüfung legte die gebürtige Kölnerin 2004 in Innsbruck ab. Sie ist hierher übersiedelt, weil sie die Berge mag, weil das Tischlerhandwerk einen großen Stellenwert hat und sie mit heimischen Hölzern arbeiten kann. Lärche zum Beispiel – ein einfaches, solides und vielseitiges Holz. Seit sieben Jahren ist Graf in der Weyrer-Fabrik. Die Skepsis, die ihr als Frau anfänglich in Tirol in diesem Beruf begegnete, spürt sie heute nur noch selten. Ihr kreativer Schwerpunkt liegt auf Vollholzmöbeln, sie entwirft »Lieblingsstücke« für ihre Kunden – das Weyrer-Areal ist das perfekte Umfeld für sie.

Adresse Ferdinand-Weyrer-Straße 11, 6020 Innsbruck-Mühlau | **ÖPNV** Bus 502, 504, Haltestelle Ferdinand-Weyrer-Straße / Vier und Einzig | **Öffnungszeiten** Besichtigung auf Anfrage, Kontakt office@jmgraf.com | **Tipp** Einst war hier die Weyrer Schafwollfabrik untergebracht, heute ist das Vier und Einzig an der Haller Straße ein multifunktionales Haus, in dem Tanzveranstaltungen, Konzerte, Ausstellungen, Workshops und Feste stattfinden.

95 Der Traklpark

Arkadien ist woanders

Der Park ist dieses großen österreichischen Dichters nicht würdig – und irgendwie doch. Eingeklemmt zwischen der stark befahrenen Hallerstraße, die sich hier zur Mühlauer Brücke neigt, und dem Inn, der für eine ständig feuchte Kühle sorgt, ist das kein Ort der Ruhe, der Kontemplation. Der Verkehrslärm ist groß, die Aufenthaltsqualität gering. Zudem befindet sich die kleine schwarze Steintafel, die an Georg Trakl (1887–1914) erinnert, auf der Innseite ganz hinten am Boden.

Und wem immer eingefallen ist, ausgerechnet die Passage »Gottes Schweigen trank ich aus dem Brunnen des Hains« von Georg Trakl hier in Stein meißeln zu lassen, beweist, vielleicht unfreiwillig, eine gehörige Portion Humor. Von Schweigen und Hain ist an dieser Stelle nicht einmal zu träumen. Nein, man hätte gern etwas Monumentaleres, etwas, das der Größe dieses bedeutenden und so jung verstorbenen Dichters gerecht wird. Und doch ist es – wenn man länger verweilt, kommt einem dieser Gedanke – ein passender Ort: Er ist morbide, düster. Gleichzeitig übt er in seiner Zurückweisung eine undefinierbare Faszination aus. Sei's drum.

Am Mühlauer Friedhof hat Georg Trakl eine würdige Grabstätte gefunden, neben seinem Gönner und Freund Ludwig von Ficker. Trakl ist ein Solitär in der österreichischen Literatur, Inspirationsquell vieler Dichter und Interpretationsquell ohne Ende für Germanistinnen. Der deutsche Dichter Mirko Bonné hat seinen fünften Gedichtband nach dem Traklpark in Innsbruck benannt. In Alter von 21 Jahren hat Bonné diese Grünanlage für sich entdeckt und ist immer wieder hergekommen. In der Nachbemerkung zu »Traklpark« beschreibt er ihn treffend als besonders dürftige Grünanlage, mit einem verwaisten Spielplatz und leeren Bänken – und als laut. Das genaue Gegenteil von Trakl und Park. Bonné hat hier übrigens nie ein Gedicht geschrieben. Verständlich, wenn man an Ort und Stelle steht.

Adresse Traklpark (vis-à-vis Hotel Dollinger), 6020 Innsbruck-Mühlau | **ÖPNV** Bus 501, Haltestelle Hoher Weg, Tram 1, Bus T, Mühlauer Brücke oder Anton-Rauch-Straße | **Tipp** Im Gasthaus Dollinger soll Georg Trakl gern eingekehrt sein, wenn er von Innsbruck nach Mühlau ging. Der Innsbrucker Schriftsteller Christoph W. Bauer widmet diesem Umstand ein Gedicht in seinem Lyrikband »stromern«.

96_Die Transformatoren-station

Nobles Häuschen für innovative Kraft

Sie hat die Nummer 26 und hieß ursprünglich Trafostation Oberrauch, weil in den Anfängen der Elektrizität in Innsbruck die Transformatorenhäuschen den Namen von Betrieben in der Nähe bekamen. Die Trafostation auf dem Kaiserschützenplatz ist die älteste oberirdische der Stadt, die noch in Betrieb ist.

Schon bald wurden solche Einrichtungen nämlich unterirdisch angelegt oder in Häuser integriert – aus Sicherheitsgründen und um keinen öffentlichen Raum zu verschwenden. So hieß es etwa 1909 vor der Errichtung einer Trafostation am Claudiaplatz im Saggen, dass laut Innsbrucker Bauordnung für solche keine öffentlichen Straßen verwendet werden dürfen. In diesem Fall kam die Station drei Meter unter die Erde, wurde mit rund 60 Zentimeter Erde überdeckt und bepflanzt. Der Zugang erfolgte über einen Einsteigschacht.

Die Trafostation Nummer 26 zeugt davon, wie stolz man in den Anfängen der Elektrizität auf diese technische Errungenschaft war. Nicht nur Kraftwerksbauten schauten mindestens wie großbürgerliche Häuser aus (man denke nur an das Ruetzkraftwerk in Schönberg), auch solche Netzstationen dienten der Repräsentation. Bereits 1901 erfolgte eine Genehmigung für die Trafostation Oberrauch, errichtet wurde sie aber 1910 – warum es diese Pause dazwischen gab, lässt sich aus den Akten der Innsbrucker Kommunalbetriebe nicht ablesen. Jedenfalls ist dieses Trafohäuschen ein eindrückliches Beispiel früher Bauten im Elektrizitätsbereich. Es hat fast die Form einer Kapelle. An den Schmalseiten finden sich Nischen (Absiden) mit ovalen Fenstern. Die Fenster auf den Breitseiten sind rechteckig und mit »geohrten Faschenrahmen« (abgesetzten Fensterrahmungen mit Ohren) versehen. Das Walmdach kragt aus, und mittig befindet sich eine Attika ebenfalls mit Walmdach. Mittlerweile gibt es fast 800 Transformatorenstationen in ganz Innsbruck, die Nummer 26 aber ist etwas ganz Besonderes.

Adresse Kaiserschützenplatz, 6020 Innsbruck-Wilten | **ÖPNV** Bus M, TS, 505, 590, Haltestelle Kaiserschützenplatz | **Öffnungszeiten** nur von außen zu besichtigen | **Tipp** Der Ansitz Liebenegg schräg vis-à-vis beeindruckt durch die spätbarocke Fassadenmalerei, gleich daneben liegt das neue Stadtteilzentrum Wilten.

97 Die Treppe

Eine direkte Verbindung nach oben

17 Tonnen Stahl, 286 Laufmeter Erdanker, 90 Quadratmeter Gitterrost, 230 Laufmeter Geländer stecken in der Treppenkonstruktion, die sich zwischen Anna-Stainer-Knittel-Weg und dem Gebäude Höttinger Au 84a nach oben zwirbelt.

Die Stiege verbindet die Höttinger Au mit dem Speckweg und verkürzt vornehmlich den Menschen, die in der Sonnenstraße wohnen, den Fußweg enorm. Immerhin mussten sie bis zu deren Bau über den Speckweg gehen, um zur Bushaltestelle in der Höttinger Au zu gelangen. Die Stiege überwindet 36 Meter Steilhang und erspart den Fußgängern rund einen Kilometer Weg.

Exakt 230 Stufen soll sie haben. Das fordert dazu heraus nachzuzählen. Einfach ist das nicht, die Ablenkungen sind groß. Ist es einmal der Blick auf die elegant geschwungenen Balkone des Gebäudes am Anna-Steiner-Knittel-Weg, folgt ein paar Treppenabsätze später der Blick auf das steil abfallende Gelände im Rücken der Stiege und noch einige später die Bombenaussicht auf die Umgebung. Kurzum, es kann gut sein, dass keine 230 rauskommen oder gar mehr. Gute Kondition erweist sich als Vorteil. Zum Vergleich: Der Innsbrucker Stadtturm hat 148 Stufen.

Mit zunehmender Höhe wird einem bewusst, dass die Treppe nicht am Hang andockt, sondern nur an den Podesten. Das war aus naturschutzrechtlichen Gründen notwendig. Da der Steilhang bis zum Bau der Stiege unberührt war, ging es darum, die Fauna und Flora zu erhalten beziehungsweise nicht zu stören. Bei der Blutbuche auf der Aussichtsplattform sollten eigentlich Sitzgelegenheiten hin, bei der Begehung waren keine da, wohl um Aufenthalte zu später Stund' zu vermeiden. Ausgeklügelt ist das Beleuchtungssystem: Benutzt niemand die Treppe, ist die Helligkeit der LED-Leuchten auf ein Minimum reduziert, bei Benutzung fährt die Helligkeit hoch, und da, wo sich der Fußgänger bewegt, entsteht eine Art Lichtteppich. Verifizieren lässt sich das nur nächtens.

Adresse Anna-Stainer-Knittel-Weg 1/Höttinger Au 84a, 6020 Innsbruck-Höttinger Au | **ÖPNV** Bus O, F, Tram 3, Haltestelle Höttinger Au-West | **Tipp** Das östlich stehende lang gezogene Wohngebäude wurde ähnlich an den Hang gebaut, die Hanglinien in die Form des Gebäudes übernommen. Ab dem vierten Obergeschoß bilden sich einzelne Baukörper heraus.

98_Der Trompetenbaum

Ein prächtiges Geschenk von Mutter Natur

Ihre Blüten machen Trompetenbäume zu einer beliebten Zierpflanze. Doch selten erreichen sie jenes Ausmaß, wie es der Trompetenbaum auf dem Areal der Mutterhauskirche der Kongregation der Barmherzigen Schwestern aufweist.

Die 1883 eingeweihte, dreischiffige Basilika wurde nach Plänen des Baumeisters Josef Mayr errichtet. Die Innenraumgestaltung oblag Josef Schmid, der in der Tiroler Glasmalereianstalt tätig war. Die Malereien an Decke und Wänden führte August Mayr aus – mit beeindruckend kräftigen Farben. Der vorgelagerte Kreuzgang mit Springbrunnen in der Mitte verbindet die Kirche mit dem Kloster.

Der Trompetenbaum findet sich an der Nordseite des Arkadenhofs, ein echtes Prachtstück, das einen verzückt innehalten lässt. Über seine Geschichte ist nicht viel bekannt. Er kam aus Udine und wurde 1937 von Anton Gasser eingepflanzt, der zu dieser Zeit noch Lehrling war und später Gärtner im Mutterhaus wurde. Anfänglich sah es so aus, als würde dem Pflänzchen das Innsbrucker Klima nicht bekommen. Erst als sich Gasser des Sorgenkinds annahm, begann es zu wachsen und zu gedeihen. Heute ist der Trompetenbaum zu jeder Jahreszeit einfach herrlich anzuschauen.

Nur im Winter und im Frühjahr ist das Gerüst zu sehen. Aus dem knorrigen gewundenen Stamm wachsen starke Arme, die sich an der Mauer des Innenhofs emporhangeln und immer feingliedriger werden. Im Frühling sprießen die Blätter büschelweise hervor, verdecken zusehends die Äste, dazwischen werden die ersten Knospen sichtbar. Im Sommer dann eine überbordende Blütenpracht, intensives Orangerot zwischen dem satten Grün der Blätter, die die Fenster fast völlig verdecken. Im Herbst schließlich ein letztes Aufbäumen, wenn die großen schweren Blüten abfallen und wie ein weicher flauschiger Teppich am Boden liegen, bevor ihre Farbenpracht endgültig erlischt. Ein Wunderwerk der Natur, das zu einer beachtlichen Größe herangewachsen ist.

Adresse Rennweg 40, 6020 Innsbruck-Saggen | **ÖPNV** Bus T, Tram 1, Haltestelle Mühlauer Brücke | **Öffnungszeiten** täglich 8–18 Uhr, Kontakt generalat@barmherzige-schwestern.at | **Tipp** Südlich des Mutterhauses befindet sich die Herberge für Menschen auf der Flucht, ein Gebäude aus den 1960er Jahren, 2015 nach Plänen des Architekturbüros studio lois generalsaniert und um einen Zubau erweitert.

99_Der Tummelplatz

Ein Ort von hoher Symbolkraft

Auf dem Tummelplatz nahe Schloss Ambras wurden ursprünglich Pferde zugeritten und Waffenspiele abgehalten – heute ist er als Waldfriedhof vielen eine Landesgedächtnisstätte.

In den Kriegsjahren zwischen 1797 und 1806 war auf dem Schloss ein Feldspital untergebracht. Die verstorbenen Soldaten wurden am Tummelplatz begraben. Laut der Festschrift zum 200-Jahr-Jubiläum fanden zwischen 1797 und 1806 fast 1.000 Soldaten hier ihre letzte Ruhestätte. 1809 kamen die am Bergisel und in der Umgebung gefallenen Tiroler Aufständischen dazu. 1849 und 1856 sollen die letzten Soldaten am Tummelplatz beerdigt worden sein.

Schon davor hatte sich die Lichtung zu einem Ort des Volksglaubens entwickelt. Im Laufe der Zeit wuchs die Zahl der Grabkreuze und Gedenktafeln. 1853 wurde die Josefskapelle errichtet, 1884 kam die Lourdeskapelle dazu, später die neugotische Kreuzkapelle (Sokopfkapelle), die Sebastians- und die Antoniuskapelle. Anlässlich des 100-jährigen Bestehens wurde eine größere Kreuzkapelle umgesetzt, finanziert über Spenden unter anderem von Kaiser Franz Joseph, Kaiserin Elisabeth und einer Reihe anderer Habsburger sowie Politikern, hohen Militärs, Bischöfen, Beamten – was die damals schon große Bedeutung des Erinnerungsortes unterstreicht. Zuletzt errichtet wurde die 1922 eingeweihte Kaiserschützenkapelle, errichtet nach Plänen von Clemens Holzmeister und erbaut von Theodor Prachensky. Die Fresken der Kaiserschützen entwarf Alfons Walde, gemalt hat sie Andreas Einberger (Kramsach).

Nach dem Ersten Weltkrieg wurden immer wieder Kreuze für in anderen Ländern Gefallene errichtet. Heute befinden sich auf dem Waldfriedhof Tummelplatz rund 1.200 Gedenkzeichen. Für Aufsehen sorgte, als vor einigen Jahren unter Federführung des Andreas-Hofer-Bunds südöstlich der Anlage Denkmäler aufgestellt wurden in Erinnerung an die Abtrennung Südtirols nach dem Zweiten Weltkrieg.

Adresse Tummelplatz, 6020 Innsbruck-Amras | ÖPNV Tram 6, Haltestelle Tummelplatz, Bus TS, Haltestelle Schloss Ambras | Tipp Schloss Ambras, von Ferdinand II. für seine Frau Philippine Welser zur prächtigen Renaissanceresidenz ausgebaut, bezeichnet sich dank der vom Erzherzog eingerichteten Kunst- und Wunderkammer als das »älteste Museum der Welt«.

100 Das Turnusvereinshaus

Auffälliges Gebäude mit wechselvoller Geschichte

Ein Juwel der Stadterneuerung nannte der damalige Bürgermeister das Turnusvereinshaus nach der Generalsanierung. 73 Millionen Schilling (5,3 Millionen Euro) hatte die öffentliche Hand investiert, um das desolate Gebäude zu renovieren und Mietwohnungen einzurichten. Die neuen Mieter bezogen ein geschichtsträchtiges Haus, bekannt als Turnusvereinshaus.

Das 1724/25 fertiggestellte Gebäude diente zunächst als Straflager für »arbeitsscheue, liederliche Leute«, für undurchsichtige Gesellen, Vaganten und Bettler. Das »Zucht- und Arbeitshauß« verfügte über eine Hausordnung, die den Tagesablauf der Insassen penibel regelte. Harte Arbeit und religiöse Erziehung – es gab eine eigene Kapelle im Haus, der Glockenturm ist heute noch zu sehen – sollten sie zu besseren Menschen machen. 1859 wurde das Strafarbeitshaus aufgelassen, und die Stadt ersteigerte das Gebäude, mit dem Ziel, es an den Turnusverein zu veräußern.

Der Turnusverein war eine Spezialität jener Tage: Die Innsbrucker Bevölkerung war verpflichtet, dem in der Stadt turnusmäßig stationierten oder durchziehenden Militär Unterkunft zu bieten. Um die Soldaten nicht in Privathäusern unterbringen zu müssen, schlossen sich Bürger zum Turnusverein zusammen und mieteten oder kauften gemeinsam ein Objekt. Der Turnusverein erwarb das Areal, gleichzeitig wurde der bestehende Verein aufgelöst und der »Einquartierungs-Turnusverein« gegründet, dem die neuen Miteigentümer des Gebäudes Innstraße Nummer 2 angehörten. Offensichtlich war seitens des Militärs aber kein längerfristiger Bedarf zu erwarten, denn bereits 1869 zog das Landesgendarmeriekommando ein und blieb bis 1918. Danach diente es als Wohnhaus, bis es schließlich – längst desolat – Ende der 1980er Jahre umfassend saniert wurde.

Interessanterweise hielt sich, trotz anderweitiger Nutzungen, der Name Turnusvereinshaus – er wird auch bei Führungen heute noch verwendet.

Adresse Innstraße 2, 6020 Innsbruck-Sankt Nikolaus | ÖPNV Bus J, W, H, 501, Haltestelle Innstraße | Öffnungszeiten nur von außen zu besichtigen | Tipp Die Tiroler Künstlerschaft wurde 1946 als Interessenvertretung der bildenden Künstler in Tirol gegründet. Seit 1951 ist der Tiroler Kunstpavillon beim Hofgarten Sitz des Vereins und Ausstellungsort.

101_Die Umbrüggler Alm

Historische Hütte in neuem Gewand

Rund 850 Hektar Alm- und Weidefläche und ein halbes Dutzend Almen nennt die Stadt Innsbruck ihr Eigen: die Arzler, die Höttinger und die Bodensteinalm an der Nordkette, die Möslalm im Gleirschtal und die Fronebenalm im Stubaital. Die jüngste im Bund ist die Umbrüggler Alm, sie wurde im November 2015 eröffnet. Aber eigentlich ist sie uralt.

Die erste Nennung der »Anbrugger Albm« erfolgte im Jahr 1535. Es dürfte sie aber schon davor gegeben haben. Ihren Namen verdankte die Alm Bauern von »Anbruggen«, also aus Mariahilf, Sankt Nikolaus und Hötting, die hier Weiderechte besaßen. Aus Anbruggen wurde umgangssprachlich rasch »unbrugg'n« und schließlich Umbrüggler.

Bereits im 19. Jahrhundert war die Umbrüggler Alm beliebtes Ausflugsziel, ab 1873 gab es einen behördlich bewilligten Ausschank. Mit der Eingemeindung Höttings ging die Alm 1938 in den Besitz der Stadt Innsbruck über. 1979 beschloss diese, das desolate Gebäude abzutragen. Mehrere Anläufe, die Alm wieder zu errichten, scheiterten. 2014 präsentierte die Stadt die Ergebnisse des ausgeschriebenen Architekturwettbewerbs, und damit kam die Neue.

Die Umbrüggler Alm ist weit entfernt von einer Blockhütte und weit entfernt von retroalpinem Charme. Von unten wirkt das Gebäude gedrungen – schwere Schindelverkleidung, auskragendes Dach, dazwischen das Fensterband wie ein Schlitz. Innen aber ist es von anheimelnder Eleganz. Ein heller, lichter Raum erwartet einen, solide gearbeitete Holztische und -stühle, an den Wänden ziehen sich Bänke entlang. Das durchgängige Panoramafenster an der Südseite eröffnet eine atemberaubende Aussicht. Der Blick wandert weit in den Osten, weit in den Westen, über Innsbruck, das südlich gelegene Mittelgebirge, tief hinein ins Wipptal, ins Stubaital; Nockspitze, Serles, Patscherkofel und eine ganze Reihe anderer Gipfel sind auszumachen. Allein dafür lohnt es sich, auf die Umbrüggler Alm zu wandern.

Adresse Umbrüggler Alm, 6020 Innsbruck-Hungerburg | ÖPNV Bus J, Haltestelle Nordkette, Bahn HHB, Haltestelle Hungerburg, circa 45-minütiger gemütlicher Fußmarsch | Öffnungszeiten in der Regel Mi–Mo 9–21.30 Uhr, aktuelle Öffnungszeiten unter www.umbruegglerealm.at | Tipp Südwestlich der Umbrüggler Alm führt ein wildromantischer, schmaler Pfad durch den Wald zur Arzler Alm, ein nicht minder lohnendes Ausflugsziel mit hervorragender Küche.

102_Das Ungarische Studentenheim

Neues Zuhause für Geflohene und Vertriebene

Als der Aufstand in Ungarn 1956 blutig niedergeschlagen wurde, flüchteten 180.000 Menschen nach Österreich allein. Alle wurden zunächst in Sammellagern versorgt, dann auf die Bundesländer verteilt.

Als der Innsbrucker Jesuit Georg Szentkereszty, der 1949 selbst aus Ungarn geflohen war, erfuhr, dass sich in den Sammellagern viele Kinder ohne Begleitung fanden, suchte er Eltern, die bereit waren, ungarische Kinder und Jugendliche bei sich aufzunehmen. Insgesamt meldeten sich rund 110 Familien. Privatpersonen spendeten Geld, Lebensmittel und Kleidung. Innsbrucker Wirtschaftstreibende unterstützten die Aktion mit finanziellen und Sachmitteln.

1957 wurden der Verein Ungarisches Jugendheim Innsbruck und der Ungarisch-Österreichische Kultur- und Schulverein gegründet, um ein Objekt für die Unterbringung von Schülern anzukaufen. Aus Mitteln internationaler Förderer erwarb der Verein Ungarisches Jugendheim Innsbruck die Buchroithner-Villa in der Richard-Wagner-Straße, bestehend aus Haus, Garten und Wirtschaftsgebäude. Über 80 Burschen zogen ein. Als die Zahl der Schüler und Klassen im Ungarischen Gymnasium zurückging, übersiedelte dieses ebenfalls in die Villa. Neben der schulischen Erziehung der Kinder gehörte deren kulturelle Bildung zu den zentralen Aufgaben der Organisation. Das eigens gegründete Kulturinstitut bot unter anderem Deutschkurse und Filmabende, Musikinstrumente und Sportgeräte standen zur Verfügung. Ebenfalls 1957 entstand der Verband Ungarischer Studenten und Akademiker in Innsbruck (Vusai) mit Sitz in der Villa.

Die dortige Schule wurde zwar 1963 aufgelöst, das Studentenheim aber besteht immer noch. Noch heute ist das Ungarische Studentenheim Treffpunkt für jene Ungarn, die geblieben sind und eine neue Heimat gefunden haben.

Adresse Richard-Wagner-Straße 3, 6020 Innsbruck-Saggen | **ÖPNV** Bus A, 504, Haltestelle Martin-Luther-Platz/HAK | **Öffnungszeiten** von außen zu besichtigen | **Tipp** Vor dem Psenner-Steg an der Franz-Greiter-Promenade findet sich rechts der Hutterer-Park mit der Gedenkstätte »Übrige Brocken«, gestaltet von der Künstlerin Verena Paula Simeoni. Sie erinnert an die Verfolgung und Vertreibung der Tiroler Täufer rund um Jakob Hutter.

103 Die Vermessungspyramide

In Maß und Lot die Wahrheit

Theoretisch trocken, praktisch eine der zentralen Errungenschaften unseres Staatswesens: der Grundkataster, eine topografische Landkarte, die nach genau festgelegten Kriterien Grundstücke – und damit Grundeigentum – erfasst und verbindlich festlegt.

Der Gedanke dahinter war profan: die Besteuerung des Grundertrags. Der Kataster sorgte allerdings dafür, dass dies im gesamten Regierungsgebiet nach einheitlichen Regeln erfolgt. Ziel der öffentlichen Hand war eine vollständige Kartierung. In Österreich fanden diese Landesaufnahmen zwischen 1806 und 1869 statt. Vermessen wurden die Grenzen der Gemeinden, der Grundstücks- und Bauparzellen, dazu Brücken, Ufer von Gewässern, Straßen und Wege. Um die Vermessungen durchführen zu können, legte das Militärgeografische Institut sogenannte Grundlinien in der Natur fest – als Referenzlinien für die Landvermesser vor Ort. In Tirol wurde 1851 an der Haller Straße eine Steinpyramide als westlicher Endpunkt errichtet und sein östliches Pendant am Kugelanger in Hall. Diese Grundlinie diente dem Militär für seine Landesaufnahmen und der öffentlichen Hand für die Vermessung der Katastermappen. Auf dem Monument steht in lateinischer Schrift: »In Maß und Lot liegt die Wahrheit.«

Der Stein ist eines der ältesten Zeugnisse der Tiroler Katastralvermessung. Ein weiteres befindet sich an der Südseite des Innsbrucker Doms; der südliche Turm diente 1855 bis 1861 als Koordinatenursprung für die Detailvermessung. 1983 ließ die Stadtgemeinde Innsbruck die Pyramide an der Haller Straße renovieren und eine Tafel anbringen, die auf die Bedeutung dieses Denkmals hinweist. Allerdings sieht es kaum jemand. Das Denkmal befindet sich auf einem schmalen Fleckchen Wiese zwischen dem Parkplatz eines Autohauses und der Haller Straße. Hierher verirren sich keine Spaziergänger, und wenn, wer lässt sich auf der Bank hinter der Pyramide nieder?

Adresse Haller Straße 125b, 6020 Innsbruck-Gewerbegebiet Mühlau / Arzl | ÖPNV Bus 502, 504, Haltestelle Haller Straße | Tipp Die heute stark ausgebaute und befahrene Grenobler Brücke (früher Reichenauer Brücke) wurde erst 1938/39 und zunächst als Holzbrücke errichtet.

104 Die Villa Mundus

Über den Gaumen das Fremde kennenlernen

Gilda Esmat Safarian kommt aus einer Gastronomiefamilie, ist gelernte Schauspielerin, arbeitete lange im Sozialbereich und hat »Migrationshintergrund«: Der Vater stammt aus dem Iran, die Mutter aus dem Kaunertal.

Als 2015 Tausende Menschen auf der Flucht Richtung Mitteleuropa unterwegs waren, wollte sie, wie viele, etwas tun, suchte nach einer Möglichkeit, Menschen und Kulturen zusammenzubringen, und eröffnete die Villa Mundus.

Sie liegt im ersten Stock eines niedrigen burgunderroten Hauses am Fürstenweg, an dem sich Weinsträucher emporranken – eingekesselt von Hochhäusern. Auf der Südseite führt eine Außentreppe in den Gastgarten, dann auf Asphalt und Tiefgarage darunter. Auf den Stufen und an den Rändern stehen Töpfe mit Blumen und Kräutern. Im Speiseraum ist viel Secondhand: Die Stühle kommen aus den ehemaligen Stadtsälen, die Tische aus dem ehemaligen Integrationshaus, die Lampen hat Gilda von einer Keramikkünstlerin erstanden. Den Holzboden hat sie mit Freunden instandgesetzt, wie alles in der Villa Mundus.

Zentral ist das Essen. In der Villa Mundus gibt es »No Border Kitchen«, will heißen: Rezepte aus fremden Ländern treffen auf heimische Produkte und bilden Fusionsküche. Das Thai Curry in der Villa Mundus etwa enthielt Wurzelgemüse, Rohnen und Pastinaken. Fleisch gibt es nicht. »Jeder fährt gern auf Urlaub in exotische Länder, findet die Kultur toll, das Essen. Aber bei uns hier macht das Fremde Angst«, sagt Gilda Esmat Safarian. Jeden Monat steht eine andere Region dieser Welt auf der Karte. Welche die nächste ist, bleibt ein Geheimnis bis zum Stichtag. Die Gäste reisen in die Ferne, ohne Innsbruck zu verlassen. Ein Kurzurlaub für den Gaumen, bei dem man rasch feststellt: So viel Unterschiede gibt es gar nicht. Die Grundzutaten für viele Speisen sind gleich, die Gewürze variieren. In der Villa Mundus lässt sich erfahren, wie die Welt schmeckt.

Adresse Fürstenweg 7, 6020 Innsbruck-Höttinger Au | ÖPNV Bus F, O, R, Tram 3, Haltestelle Fürstenweg | Öffnungszeiten Di–Sa 11–23 Uhr (warme Küche 12–14.30, 17.30–22 Uhr), So 10–17 (Brunch 10–14 Uhr, warme Küche ab 13 Uhr) | Tipp Die Neue Mittelschule (früher Hauptschule) Hötting am Fürstenweg wurde nach Plänen des Architekten Franz Baumann, einem der wichtigsten Vertreter der Moderne in Tirol, errichtet und 1931 eröffnet.

105 Das Village Mühlau

Zeitgeist auf historischem Boden

Es ist ein eigentümliches Ensemble, über das der Zeitgeist wacht. Die Figur thront über der Einfahrt zur Tiefgarage im »Village Mühlau«, einer bis zu den Wegweisern durchkonzipierten Wohnanlage, die sich an die Geschichte Mühlaus anlehnen will und diese dabei zu neoromantisch angehauchten Neubauten mit idyllisierenden Lüftlmalereien eindampft. Ein Dorf aus der Retorte – am Ende eines geschichtsträchtigen Dorfs.

Wo heute riesige dunkle Löwenskulpturen einen sterilen Platz bewachen, von dem aus es in Wohnhäuser geht, die Weberei, Gießerei, Sennerei und Apothekerhaus heißen, stand bis vor wenigen Jahren eine mächtige Fabrikanlage: die Olea Fettwarenfabrik, die davor die Rauchmühle war. Sie prägte fast 180 Jahre die Geschichte von Mühlau.

Die Mühlentradition geht ins 13. Jahrhundert zurück, der Ort verdankt ihr seinen Namen. 1831 gründete Anton Rauch hier die Rauchmühle. Der Müller und Getreidehändler baute sie zu einer modernen Kunstmühle aus. Sohn Leopold ließ 1888 ein E-Werk errichten, das erste Tirols, was die Produktionsleistung enorm erhöhte und die Mahlkosten verringerte. Auch bei der Vollautomation war die Rauchmühle Pionier im Kaiserreich. Nach dem Ersten Weltkrieg übersiedelte die Mühle an die Haller Straße, ab 1946 wurde aus dem alten Fabrikgebäude die Öl- und Fettwerke Nachfahren Rauch KG Innsbruck Mühlau (Olea). Das Kronenöl trat seinen Siegeszug an.

Der EU-Beitritt bedeutete das Aus für Olea in Mühlau, die Produktion übersiedelte endgültig nach Wels. 1998 kaufte die in Mühlau ansässige Familie Genz das Gelände und ließ die Fabrik abreißen, obwohl der Beirat für Stadt- und Ortsbildschutz sich »wegen der identitätsstiftenden Bedeutung« für den Erhalt eingesetzt hatte. Eine solche hat das Village Mühlau nicht, obwohl die Häuser Kirchgasse 7, 9 und 11 erhalten blieben. Der Zeitgeist hat die Historie bei diesen verfremdet und durch die Neubauten ausgelöscht.

Adresse Kirchgasse 11b, 11c, 6020 Innsbruck-Mühlau | **ÖPNV** Bus A, 501, 503, Haltestelle Mühlau | **Tipp** Das Kraftwerk II der Rauchmühle auf der anderen Seite des Mühlauer Bachs ist nur eines von mehreren E-Werken entlang dieses Gewässers, die an die intensive Nutzung der Energie für das Gewerbe erinnern.

106 Die Voliere

Wo einst wilde Vögel Asyl erhielten

Vor wenigen Tagen, so hieß es im »Tiroler Anzeiger« im Juni 1937, habe die Innsbrucker Vogelwarte ihre Schauanlage unter der Villa Blanka mit heimischen Brutvögeln besetzt. Ziel war, die Besucher mit den Vogelarten Tirols bekannt zu machen.

Auf dem Grundstück war davor ein altes Glashaus gestanden, die Stadt hatte den Grund erworben, eine Innsbrucker Bank die Errichtung der Voliere ermöglicht, Siegfried Thurner vom Stadtbauamt die Pläne gemacht. Der Architekt hatte sich dafür intensiv mit Vogelkunde befasst. Die Anlage bestand aus drei Freiflugkäfigen und entsprechenden Winterräumen. Sie war entsprechend der Umgebung der jeweiligen Vögel gestaltet: offene Aulandschaft mit kleinem Weiher auf der einen Seite, Hochgebirge auf der anderen, in der Mitte Nadelwald des Mittelgebirges. »Die ganze Schauanlage ist vorbildlich«, hieß es im »Tiroler Anzeiger« weiter.

Die Pflege oblag der Tiroler Vogelwarte, die 1934 gegründet worden war und die es sich zur Aufgabe gemacht hatte, die Vogelwelt zu erforschen und sie der Bevölkerung näherzubringen. In die Au- und Wiesenlandschaft zogen unter anderem Nachtigall, Bachstelze und Wiedehopf, das Mittelgebirge besiedelten Baumpieper, Wendehals, Heckenbraunelle, und im Hochgebirge saßen Alpenbraunelle, Gebirgsstelze, Ringdrossel.

Den Zweiten Weltkrieg überstand die Voliere ohne Schäden, wurde aber bald darauf generalsaniert. In den 1950er Jahren beherbergte die große Anlage bis zu 250 Vögel. Dann blieb sie lange ungenutzt. 1981 übernahm der 1962 gegründete Alpenzoo die Volieren und nutzte sie zunächst für die Züchtung von Vögeln, später, um gefundene Vögel nach ihrer Genesung auf die Auswilderung vorzubereiten. Ende der 1990er Jahre übernahm wieder die Stadt die Betreuung des Vogelkäfigs, eine Zeit lang hielt ein Gärtner des Stadtgartenamts seine Papageien dort. Seit ein paar Jahren steht die Voliere leer und verfällt ganz unvorbildlich.

Adresse Heinrich-Süß-Weg, 6020 Innsbruck-Sankt Nikolaus | **ÖPNV** Bus W, Haltestelle Villa Blanka | **Tipp** Die Richardsruhe beim Alpenzoo heißt im Volksmund Engländergrab. Der junge Richard Heinrich Tooth kam, bereits schwer krank, 1839 nach Innsbruck, verstarb und wurde hier begraben.

107 Die Volksschule Pradl Ost

Kunst am Bau vom Gang bis zum Fenster

Politik und Medien waren sich 1960 einig: Das schönste und modernste Schulhaus des Landes steht in Pradl. Das Architektenpaar Charlotte und Karl Pfeiler hatte die Idee eines Schulcampus, wie es sie in den USA gesehen hatte, exemplarisch auf rund 30.000 Quadratmetern umgesetzt.

Um die großzügige Siegmairschule (heute: Volksschule Pradl Ost) erstreckte sich eine weitläufige Freifläche, die teilweise direkt von den Klassenzimmern aus begangen werden konnte. Das in eine H-Form gebrachte Gebäude mit seinen Quertrakten spielte alle Stückln. Neben über 30 Klassen gab es in der Doppelvolksschule mehrere Arbeitsräume, eine große Pausenhalle und zwei Turnsäle. In besonderer Weise kam Kunst am Bau zum Zug.

Jeder Trakt in jeder Etage wurde nach einem bestimmten Thema gestaltet, im Stiegenhaus entstanden großflächige Mosaiken und Wandmalereien. Die beauftragten Künstler Fritz Berger, Gerhild Diesner, Walter Honeder, Maria und Helmut Rehm schufen zeitgemäße und kindgerechte Kunstwerke, jeder mit eigener Handschrift.

Die frei stehende Festhalle mit ihrem asymmetrischen Satteldach im Nordosten war ein Novum. Sie bot den Rahmen für besondere Anlässe und konnte vermietet werden. Die Attikazone gestaltete Berger mit Szenen aus der Theaterwelt, die Skulptur des Riesen Haymon mit Drachen auf der Westseite schuf Claudius Molling. Mit einem wunderbar bemalten Fenster fertigte Gerhild Diesner ein weiteres von außen gut sichtbares Kunstwerk (Südosten des Areals, Geyrstraße). Auf der Freifläche daneben stehen Skulpturen von Bildhauersymposien, die hier stattfanden.

Der nördliche Teil des Gebäudekomplexes und dessen umfangreiches Bildprogramm wurden restauriert, der südliche folgt in den kommenden Jahren. Die ehemalige Siegmairschule ist architektonisch und in Bezug auf die Initiative Kunst am Bau ein Juwel – und steht, mit Ausnahme eines Bereichs im Südwesten, unter Denkmalschutz.

Adresse Siegmairstraße 1–3, Lönsstraße 25, 6020 Innsbruck-Pradl | **ÖPNV** Bus C, R, Haltestelle Lönsstraße | **Öffnungszeiten** nur von außen zu besichtigen | **Tipp** Das DEZ ist das älteste Einkaufszentrum Österreichs. Es wurde 1970 von Walter Hess eröffnet und umfasste 11.000 Quadratmeter Verkaufsfläche und 700 Parkplätze. Heute sind es fast 33.000 Quadratmeter und 3.000 Parkplätze.

108 Das Wartehäuschen

Stylischer Kubus am Ende der Bahn

Über 150 Wartehäuschen betreiben die Innsbrucker Verkehrsbetriebe – exklusive Hauptbahnhof und Terminal. Hier verbringen die Fahrer ihre Pausen und nehmen ihre Jause zu sich. Funktionalität ist oberstes Gebot. Als die Tram-Linie 3 Richtung Amras verlängert wurde, brauchte es dort einen neuen Aufenthaltsraum.

Die Anforderungen an das Architekturbüro waren knifflig: WC, Abstell- und Putzraum, Aufenthaltsbereich mit Tisch und zwei Sitzgelegenheiten sowie Platz für zwei Getränkeautomaten sollten auf einem nur dreimal 5,5 Meter großen Flecken untergebracht werden. Für den Architekten Werner Thönig das kleinste Grundstück, auf dem er je geplant hat. Zudem sollte der »Aufenthaltscontainer« eindeutig das Ende der Linie 3 signalisieren, gleichzeitig als zur Straßenbahn gehörig identifizierbar sein.

Bei der Ideenfindung hatte der Architekt einen Klassiker vor Augen: Das Ende einer Bahn signalisiert auf Bildern und in Filmen meist ein Prellbock und oder ein ausrangierter, gern auch desolater Waggon. Diese Szene war der Ausgangspunkt für den Architekten, um jenen Kubus mit abgerundeten »Ecken« zu entwerfen, der nun am Ende der Straßenbahnlinie 3 in Amras steht. Die Außenhülle (der Container selbst ist aus gedämmten Brettschichtplatten) besteht aus gerostetem Cortenstahl, erinnert an die des Hauptgebäudes der IVB in der Pastorstraße und spiegelt nicht zuletzt die Farbe von Schienensträngen.

Als eine Art quer gestellter Waggon ohne Räder steht das neue Wartehäuschen hinter den Betonprellböcken. Der Container wurde im Werk vorgefertigt und mit Hilfe eines Autokrans aufgestellt. Die schlitzartigen Fenster drehen sich beim Lüften um eine horizontale Achse. An die Stelle einer Stufe kam ganz bahnlike ein schwebender Trittrost aus Metall. Das Wartehäuschen am Ende der Tramlinie 3 in Amras: ein schön anzuschauendes architektonisches Kleingebilde – und funktional bis ins Detail.

Adresse Philippine-Welser-Straße (Endstation Tram 3), 6020 Innsbruck-Amras | ÖPNV Tram 3, Haltestelle Amras | Öffnungszeiten von außen zu besichtigen | Tipp Auf der Tiroler Schnapsroute liegt der Hoferbauer in der Philippine-Welser-Straße. Seit den 1950er Jahren wird hier Schnaps gebrannt, Verkostungen gibt es auf Anfrage.

109_Der Weinbau

Eine alte Tradition wiederbeleben

Jedes Jahr Ende September oder Anfang Oktober mietet »Siggi« Ploner für einen Tag einen Hubsteiger. Wer an diesem Tag an seinem Haus am Ende der Hörtnaglstraße in Hötting vorbeigeht, erlebt ein besonderes Schauspiel. An diesem Tag erntet Ploner die Weintrauben von den Reben, die an den Balkonen seines Hauses hinaufgewachsen sind. Wo die Arme nicht hinlangen, kommt der Hubsteiger zum Einsatz.

Rund 130 Kilogramm Trauben gab es bei der Weinlese 2017, 80 Liter Rotwein am Ende – die Schäden durch Bienen, Wespen und Hornissen waren heuer erstmals beachtlich. Die angefressenen Trauben sortierte er im Zuge des Rebelns aus, bei dem die Beeren vom Stil getrennt werden. Für sein Hobby hat sich Ploner im Keller eine kleine Kelterei eingerichtet. Hier führt er alle weiteren Schritte durch, bis am Ende der edle Tropfen in Flaschen abgefüllt und etikettiert zum Trinken bereitsteht beziehungsweise -liegt. Ausreichend für den Eigenbedarf und für die Freunde, die ihm bei der Lese geholfen haben.

Ploner knüpft damit an eine alte, fast vergessene Tradition an. Herzog Friedrich IV. mit der leeren Tasche ließ im 15. Jahrhundert an den Höttinger Hängen den ersten landesfürstlichen Weingarten anlegen. Unter Maximilian III., genannt der Deutschmeister, sollte es aber schon wieder vorbei sein mit dem fürstlichen Tropfen. Wohl nicht nur, weil dem puritanischen Erzherzog das berauschende Getränk zuwider war, sondern auch, weil die Qualität des Weins zu wünschen übrig ließ. Dass es einen Saurweinhof gab und noch immer einen Saurweinweg in Hötting gibt, lässt diesbezüglich einiges vermuten. Trotzdem gab es bis in jüngere Zeit noch Weinstöcke am Burgstadl neben der alten Höttinger Kirche; auf dem Harterhof-Plateau in Kranebitten wurde bis vor rund 40 Jahren Wein produziert. Heute stellt in Hötting nur noch Siggi Ploner Wein her – aber wer weiß, vielleicht macht seine Initiative Schule.

Adresse Hörtnaglstraße 51, 6020 Innsbruck-Hötting | **ÖPNV** Bus H, Haltestelle Allerheiligenhöfe | **Öffnungszeiten** nur von außen zu besichtigen | **Tipp** Die Mauer südlich der Reihenhäuser Berchtoldshofweg 1 erinnert an die alte Allerheiligenkirche. An ihrer Stelle wurde 1810/11 der Sennerhof (Loterhof) errichtet und dieser vor einigen Jahren durch Wohnbauten ersetzt.

110 Das Weli

Anlaufstelle für alle Analog-Spieler

Wer früher viel, später weniger im Weli einkehrte, wird die Veränderungen nicht erkennen. Die Theke zum Beispiel ist anders, ein kleiner Bereich im hinteren Teil des Lokals ist dazugekommen. Das handgemalte Schild an der Außenmauer wurde ersetzt durch ein neues und hängt nun im Lokal an der Decke. Aber er wird sich sofort wieder wohlfühlen. Das Weli ist ein angenehmes Lokal, war es immer schon.

Dabei lässt sich gar nicht so leicht ausmachen, was es ausmacht. Es ist alles so unaufgeregt: die Möbel robust, die Tische und Stühle solide, nicht einmal die Lampen, von den Inhabern selbst kreiert aus alten Tetrapacks, fallen einem sofort auf. Das Weli, benannt nach einer nicht unwichtigen Spielkarte beim Kartenspielen, ist eine Institution. Die Idee dahinter war und ist einfach, aber gut, nämlich Spieleabend mit Barbesuch zu kombinieren.

Gegründet 1994 von Stoffl Fuhrmann und Daggi Niederegger und von diesen bis heute mit viel Engagement geführt, war das Lokal von Anfang an eine Anlaufstelle vor allem für junge Leute aus dem studentischen Umfeld. Es gibt verschiedene Biersorten, warme Getränke, kleine Snacks und Imbisse, die Aufstriche sind selbst gemacht.

Draußen mag das digitale Zeitalter herrschen, im Weli wird dem Analogen gefrönt. Hier kann man nach Lust und Laune neue Brett- und Gesellschaftsspiele ausprobieren und sich an den schon seit der Kindheit bekannten abarbeiten, als säße man daheim. Etwa 400 Spiele stehen zur Verfügung, Klassiker wie Mensch ärgere Dich nicht, Backgammon, Trivial Pursuit oder Schach ebenso wie Tabu, Bluff, Herr der Ringe oder Risiko. Die ausgezeichneten Spiele des Jahres kommen automatisch ins Regal, Spielewünsche der Gäste werden gern berücksichtigt.

Und das Feine: Man kann spielen, muss aber nicht. Wer »nur« ein Bier oder eine Cola trinken will und ein bisschen plaudern, ist genauso willkommen. Ganz unaufgeregt, das Weli eben.

Adresse Viaduktbogen 26, 6020 Innsbruck-Innenstadt | **ÖPNV** Tram 1, Haltestelle Ing.-Etzel-Straße | **Öffnungszeiten** So–Do 19–1 Uhr, Fr–Sa 19–2 Uhr | **Tipp** Das Programmkino Cinematograph ist etwas für echte Cineasten und für Nostalgiker. Es wird, wie das Leokino, vom Otto-Preminger-Institut betrieben. Umzugspläne gibt es seit Jahren, wäre schade um die Lokalität.

111 Das Wolfgang-Tschernutter-Denkmal

Erinnerung an eine grausame Tat

In der Nacht vom 25. auf den 26. Februar 1994 verprügelten zwei Jugendliche den obdachlosen Wolfgang Tschernutter beim Hallenbad Höttinger Au derart massiv, dass der 38-Jährige wenige Tage später verstarb, ohne das Bewusstsein wiederzuerlangen.

Ein Mord, der Innsbruck erschütterte. Tschernutter hatte sich vorwiegend im Gebiet Maria-Theresien-Straße, Museumstraße und Anichstraße aufgehalten, war vielen vom Sehen her bekannt. Er trug stets eine Decke um die Schultern und eine Umhängetasche, galt als freundlich und friedliebend. Die beiden Angreifer, einer 14, einer 16 Jahre alt, zeigten bei der Rekonstruktion des Tathergangs keine Reue. Sie wurden wegen Mordes zu achteinhalb beziehungsweise neun Jahren Haft verurteilt. In Erinnerung an das Verbrechen errichteten Vertreter von Sozialvereinen ein provisorisches Denkmal an der Annasäule, bei der sich die Sandler häufig aufhielten, und beauftragten den Kramsacher Bildhauer Alois Schild mit dem Bau eines Denkmals.

Sein »Antifaschistisches Denkmal« sollte ein Mahnmal gegen den industriellen Umgang mit Individuen sein, der sie entmenschlicht und degradiert, und ein Zeichen dafür, dass jeder Mensch ein Recht auf ein Leben in Würde hat. Da es ohne Genehmigung an der Annasäule aufgestellt worden war, ließ es der damalige Bürgermeister entfernen und auf den Bauhof bringen. Im Dezember 1994 kam das »Tschernutter-Denkmal« schließlich an den heutigen Standort, die Innpromenade hinter der Universität. Eine Gravur verweist auf die Ermordung des Obdachlosen.

Die grausamen Umstände seines Todes und die Bedeutung des Antifaschistischen Denkmals sind längst aus dem allgemeinen Bewusstsein verschwunden. In den Schlussbemerkungen zu ihrem Krimi »Tirolerwut« erinnert die Innsbrucker Krimi-Autorin Lena Avanzini daran.

Adresse Franz-Gschnitzer-Promenade, 6020 Innsbruck-Innenstadt | ÖPNV Bus F, R, TS, M, C, O, Tram 3, Haltestelle Klinik/Universität | Tipp Die Innpromenade entlang weiter Richtung Westen findet sich die denkmalgeschützte Karwendelbrücke, eine der formschönsten Brücken Innsbrucks. Sie wurde 1911 errichtet und ist Teil der Karwendelbahn. Das Stahltragwerk (Rautenfachwerk mit Pfosten) ist genietet. Oben fährt die Bahn, darunter führt ein Fußgängersteg über den Inn.

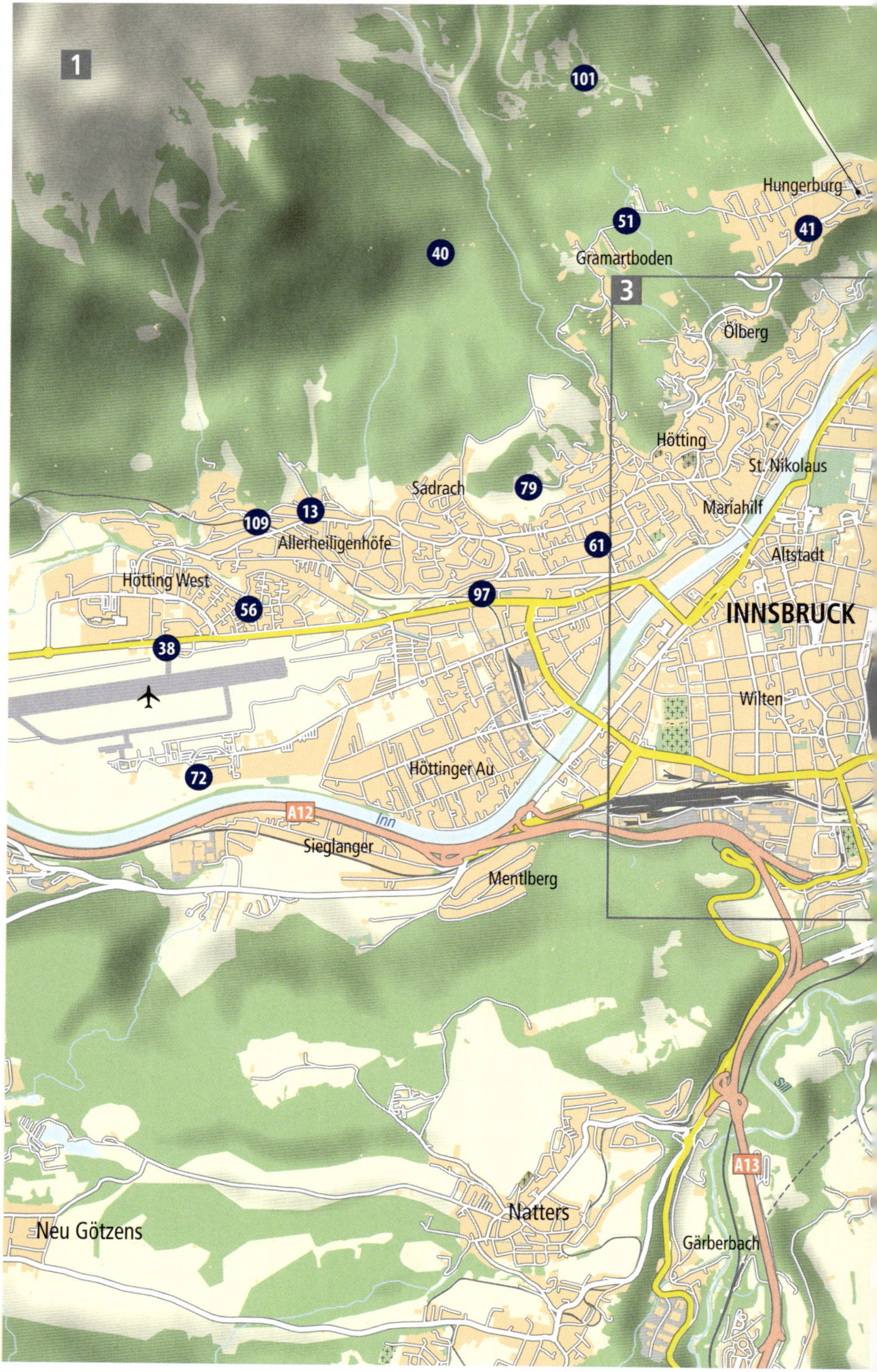
1
101
Hungerburg
51
41
40
Gramartboden
3
Ölberg
Hötting
St. Nikolaus
Sadrach
79
Mariahilf
13
109
Allerheiligenhöfe
61
Altstadt
Hötting West
97
INNSBRUCK
56
38
Wilten
72
Höttinger Au
A12
Inn
Sieglanger
Mentlberg
Sill
A13
Natters
Neu Götzens
Gärberbach

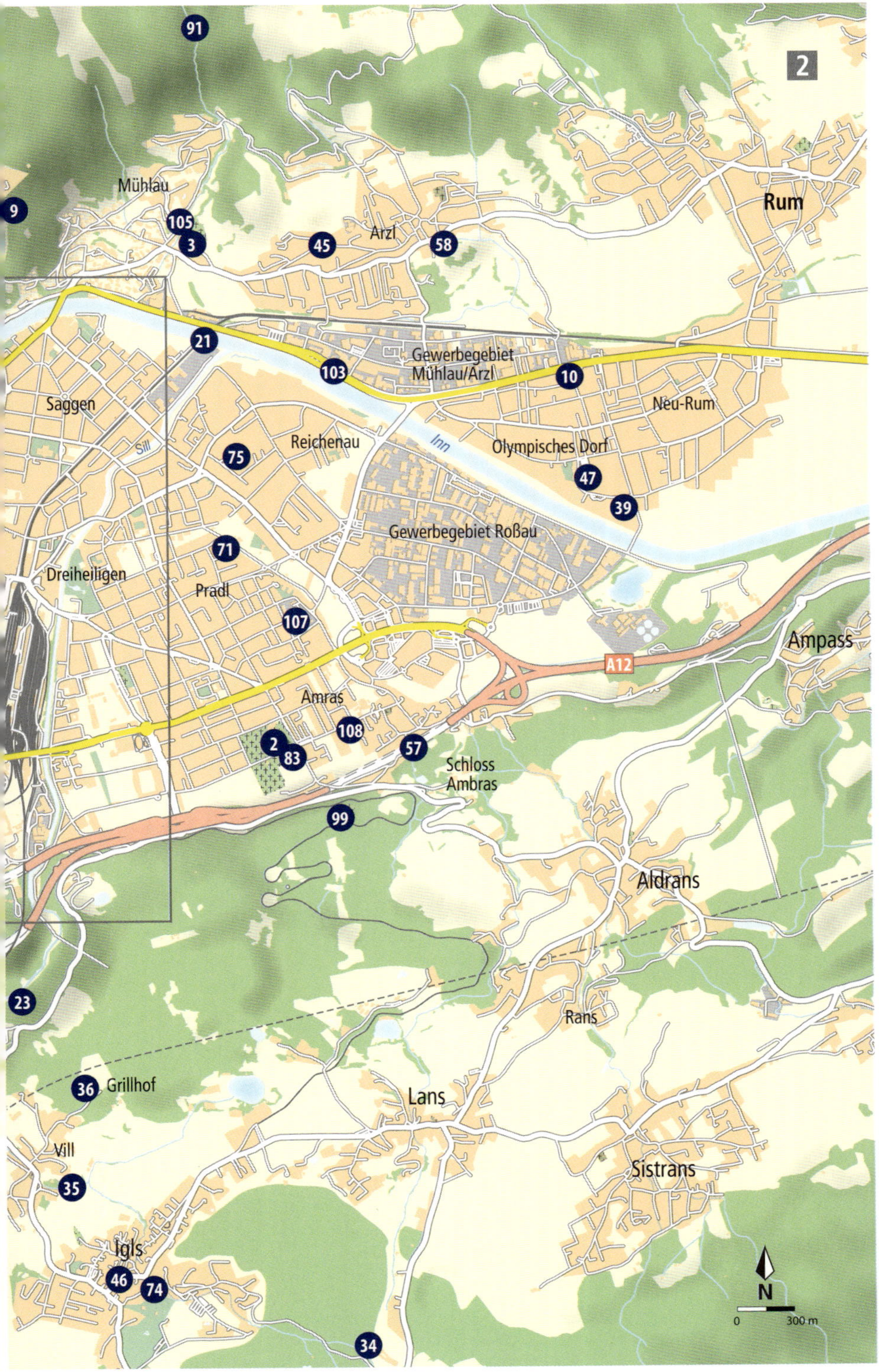
2
91
Mühlau
9
105
3
45
Arzl
58
Rum
21
103
Gewerbegebiet
Mühlau/Arzl
10
Neu-Rum
Saggen
Sill
Reichenau
Inn
Olympisches Dorf
75
47
39
71
Gewerbegebiet Roßau
Dreiheiligen
Pradl
107
Ampass
A12
Amras
108
2
83
57
Schloss
Ambras
99
Aldrans
23
Rans
36
Grillhof
Lans
Vill
35
Sistrans
Igls
46
74
34
N
0
300 m

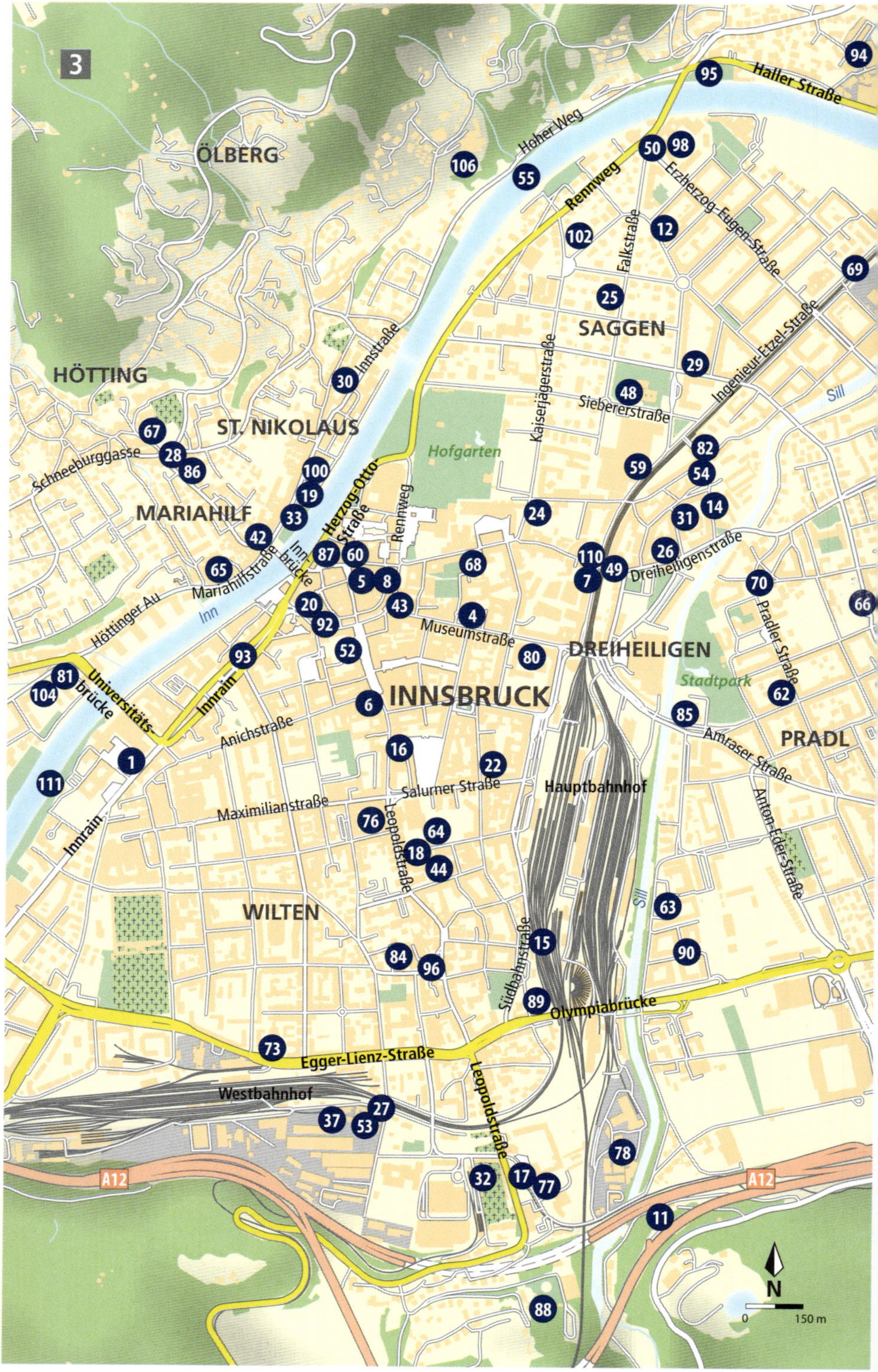

3
ÖLBERG
HÖTTING
ST. NIKOLAUS
MARIAHILF
SAGGEN
DREIHEILIGEN
INNSBRUCK
PRADL
WILTEN
Hofgarten
Stadtpark
Hauptbahnhof
Westbahnhof
Haller Straße
Hoher Weg
Rennweg
Erzherzog-Eugen-Straße
Falkstraße
Ingenieur-Etzel-Straße
Sill
Kaiserjägerstraße
Siebererstraße
Innstraße
Schneeburggasse
Herzog-Otto-Straße
Dreiheiligenstraße
Mariahilfstraße
Innbrücke
Inn
Höttinger Au
Museumstraße
Pradler Straße
Universitätsbrücke
Innrain
Anichstraße
Amraser Straße
Salurner Straße
Maximilianstraße
Leopoldstraße
Anton-Eder-Straße
Südbahnstraße
Olympiabrücke
Egger-Lienz-Straße
A12
N
0
150 m

Ottmar Neuburger,
Lisa Graf-Riemann
111 Orte vom Wilden Kaiser bis zum Dachstein, die man gesehen haben muss
ISBN 978-3-7408-0138-0

Gerald Polzer, Stefan Spath,
Antonia Schulz
111 Orte in der Steiermark, die man gesehen haben muss
ISBN 978-3-7408-0140-3

Gerald Polzer, Stefan Spath
111 Orte in Oberösterreich, die man gesehen haben muss
ISBN 978-3-95451-857-9

Susanne Gurschler
111 Orte in Tirol, die man gesehen haben muss
ISBN 978-3-95451-834-0

Andrea Nagele,
Marion Assam, Martin Assam
111 Orte in Klagenfurt und am Wörthersee, die man gesehen haben muss
ISBN 978-3-95451-591-2

Marion Rapp
111 Schätze der Natur rund um den Bodensee, die man gesehen haben muss
ISBN 978-3-95451-619-3

Gerald Polzer, Stefan Spath
111 Orte in Graz, die man gesehen haben muss
ISBN 978-3-95451-466-3

Gerd Wolfgang Sievers
111 Orte der Wiener Küche, die man erlebt haben muss
ISBN 978-3-95451-337-6

Stefan Spath
111 Orte in Salzburg, die man gesehen haben muss
ISBN 978-3-95451-114-3

Astrid Süßmuth
111 Orte im Werdenfelser Land, die man gesehen haben muss
ISBN 978-3-7408-0118-2

Jochen Reiss
111 Orte im Fünfseenland, die man gesehen haben muss
ISBN 978-3-95451-851-7

Julia Lorenzer, Fabian Marcher
111 Orte in Rosenheim und im Inntal, die man gesehen haben muss
ISBN 978-3-95451-735-0

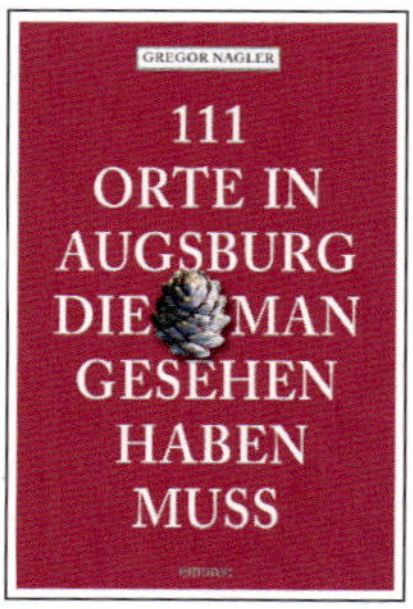

Gregor Nagler
111 Orte in Augsburg, die man gesehen haben muss
ISBN 978-3-95451-598-1

Marko Roeske
111 Orte im Bayerischen Wald, die man gesehen haben muss
ISBN 978-3-95451-328-4

Cornelia Ziegler
111 Orte im Allgäu, die man gesehen haben muss
ISBN 978-3-95451-343-7

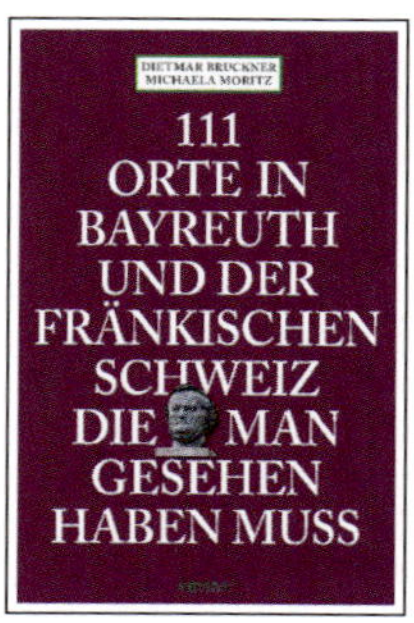

Dietmar Bruckner, Michaela Moritz
111 Orte in Bayreuth und der Fränkischen Schweiz, die man gesehen haben muss
ISBN 978-3-95451-130-3

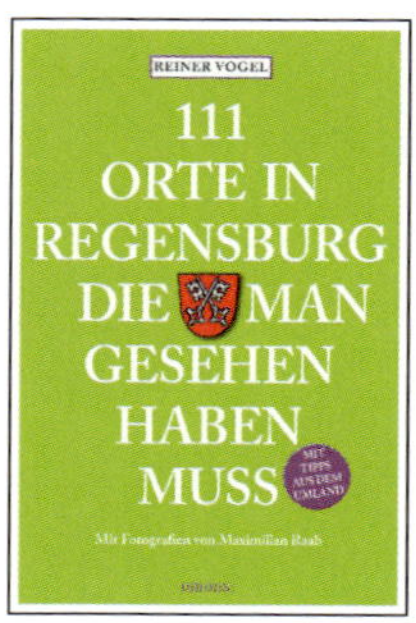

Reiner Vogel, Maximilian Raab
111 Orte in Regensburg, die man gesehen haben muss
ISBN 978-3-95451-054-2

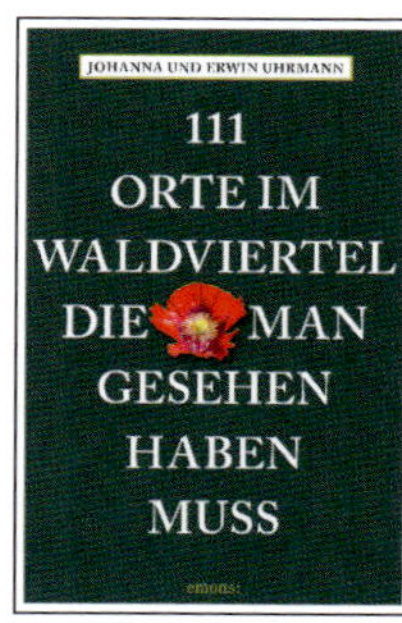

Erwin Uhrmann, Johanna Uhrmann
111 Orte im Waldviertel, die man gesehen haben muss
ISBN 978-3-7408-0346-9

Karl Haimel, Peter Eickhoff
111 Orte in Wien, die man gesehen haben muss
ISBN 978-3-89705-969-6

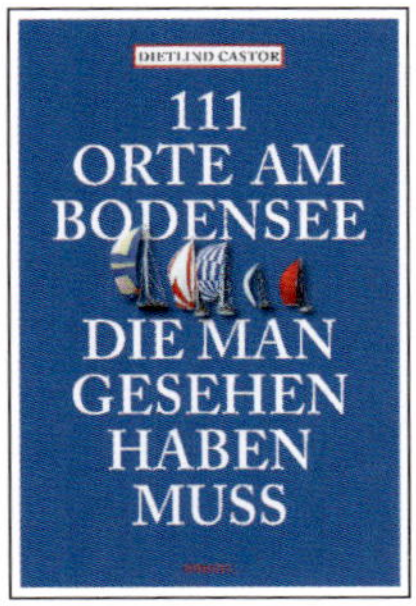

Dietlind Castor
111 Orte am Bodensee, die man gesehen haben muss
ISBN 978-3-95451-063-4

Dorothee Fleischmann, Carolina Kalvelage
111 Orte in Budapest, die man gesehen haben muss
ISBN 978-3-95451-744-2

Matěj Černý, Marie Peřinová
111 Orte in Prag, die man gesehen haben muss
ISBN 978-3-95451-927-9

Astrid Süßmuth
111 Spukorte in und um München, die man gesehen haben muss
ISBN 978-3-7408-0336-0

Rüdiger Liedtke
111 Orte in München, die man gesehen haben muss
ISBN 978-3-89705-892-7

Rüdiger Liedtke
111 Orte in München, die man gesehen haben muss. Band 2
ISBN 978-3-95451-043-6

Rüdiger Liedtke
111 Orte in München, die Geschichte erzählen
ISBN 978-3-95451-221-8

Giulia Castelli Gattinara, Mario Verin
111 Orte in Mailand, die man gesehen haben muss
ISBN 978-3-95451-617-9

Bernd Imgrund,
Britta Schmitz
111 Kölner Orte, die man gesehen haben muss
Band 1
ISBN 978-3-89705-618-3

Bernd Imgrund,
Britta Schmitz
111 Kölner Orte, die man gesehen haben muss
Band 2
ISBN 978-3-89705-695-4

Bernd Imgrund,
Nina Osmers
111 Orte im Kölner Umland, die man gesehen haben muss
ISBN 978-3-89705-777-7

Peter Eickhoff
111 Düsseldorfer Orte, die man gesehen haben muss
ISBN 978-3-89705-699-2

Ralf Koss, Stefanie Kuhne
111 Orte im Bergischen Land, die man gesehen haben muss
ISBN 978-3-95451-027-6

Peter Eickhoff
111 Orte am Niederrhein, die man gesehen haben muss
ISBN 978-3-89705-815-6

Markus Danner,
Johannes Seibt
111 Orte in Leverkusen, die man gesehen haben muss
ISBN 978-3-95451-849-4

Eckhard Heck
111 Orte in Bonn, die man gesehen haben muss
ISBN 978-3-95451-212-6

Bernd Imgrund
111 Orte in der Eifel, die man gesehen haben muss
ISBN 978-3-95451-003-0

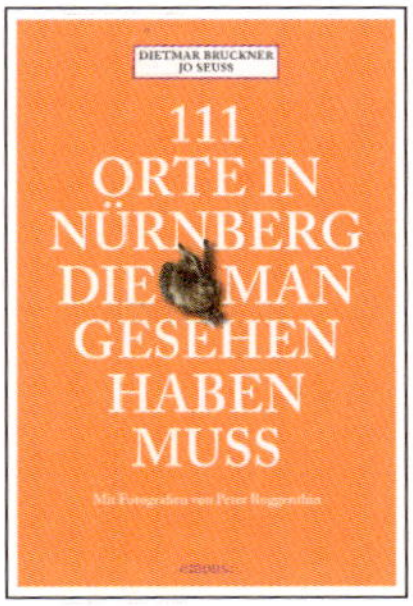

Dietmar Bruckner, Jo Seuß
111 Orte in Nürnberg, die man gesehen haben muss
ISBN 978-3-95451-042-9

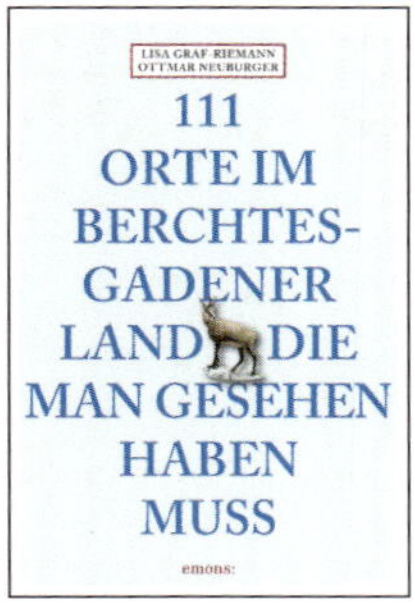

Ottmar Neuburger, Lisa Graf-Riemann
111 Orte im Berchtesgadener Land, die man gesehen haben muss
ISBN 978-3-89705-961-0

Oliver Buslau
111 Werke der klassischen Musik, die man kennen muss
ISBN 978-3-7408-0236-3

Sabine Gruber, Peter Eickhoff
111 Orte in Südtirol, die man gesehen haben muss
ISBN 978-3-95451-318-5

Sabine M. Gruber
111 Orte der Musik in Wien, die man erlebt haben muss
ISBN 978-3-7408-0348-3

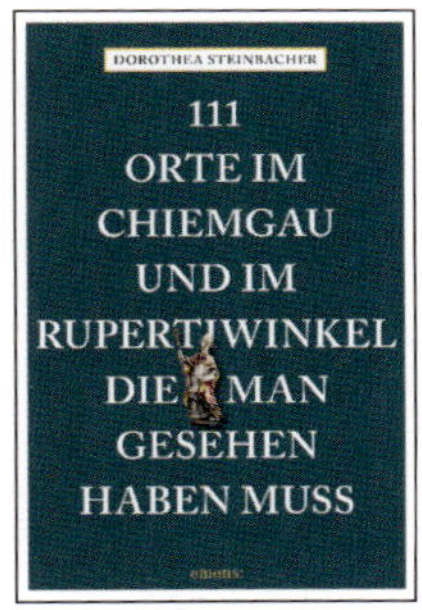

Dorothea Steinbacher
111 Orte im Chiemgau und im Rupertiwinkel, die man gesehen haben muss
ISBN 978-3-7408-0131-1

Lust auf mehr? Laden Sie sich die »LChoice«-App runter, scannen Sie den QR-Code und bestellen Sie weitere Bücher direkt in Ihrer Buchhandlung.

LChoice

Hier bestellen

© Fotowerk

Die Autorin

Susanne Gurschler ist seit 1998 als freie Journalistin und Autorin in Innsbruck tätig. Ihre Spezialität sind Kunst und Kultur, Regionalgeschichte und Architektur, Tourismus und Kulinarik. Die Germanistin schreibt Sachbücher sowie Beiträge für Magazine, Sammelbände, Jahrbücher und Kataloge. 2016 erschien ihr Buch »111 Orte in Tirol, die man gesehen haben muss«.